JN430511

위듀 영문법

위듀 영문법

60 Steps to Engilsh Grammar Perfection

신규철 지음

한국문화사

Table of Contents

Sentence Structure

구문편

ARTICLE

▶▶▶▶ 관 사

01

Step 01 :: 관사의 종류와 용법

01_ 부정관사

1 **a :** 자음으로 시작되는 단어 앞에 온다.

▶ There is <u>a</u> mountain behind his village.

↳ 그가 사는 마을 뒤에는 산이 하나 있다.

2 **an :** 모음으로 시작되는 단어 앞에 온다.

▶ Take <u>an</u> umbrella with you.

↳ 우산을 가지고 가세요.

> TIP... 🖋
>
> **a와 an의 구별은 철자가 아니라 발음에 의해 구별된다.**
>
> - a European [juərəpiən]   - a university [junəvərsəti]
> - a uniform [junəfɔrm]   - an honor [anər]
> - an heir [ɛər]

02_ 정관사

1 **반복되어 나오는 명사 앞에**

▶ I bought <u>an</u> eraser and <u>a</u> pencil. I used <u>the</u> eraser, but I gave the pencil to a friend of mine.

↳ 나는 지우개 하나와 연필 하나를 샀다. 그 지우개는 내가 썼지만, 그 연필은 나의 한 친구에게 주었다.

❷ 이미 알고 있는 말 앞에

말 중에서 처음 나오는 명사라 하더라도 문장의 전후 관계로 보아, 혹은 말하는 당사자 간에 어떤 것인지 분명히 알 수 있는 명사 앞에는 정관사 the를 붙인다.

▶ Would you open <u>the</u> window?

→ 창문을 열어 주시겠습니까?

　(※ 말하는 사람이나 듣는 사람이 어떤 창문인가를 분명히 알고 있는 상황이다.)

▶ Would you pass me <u>the</u> salt?

→ 소금 좀 건네주시겠습니까?

❸ 뒤에서 수식받는 명사 앞에

명사 뒤에 형용사구나 관계사절이 와서 앞의 명사를 수식하는 경우는 처음 나오는 말이라 하더라도 정관사 the를 붙인다.

▶ The patients need to be more cautious about <u>the food</u> <u>they consume</u>.

→ 환자들은 그들이 소비하는 음식에 관해 더 주의할 필요가 있다.

▶ The <u>water</u> <u>in the pond</u> was all used up.

→ 우물에 있는 물이 다 떨어졌다.

TIP...

> 보통명사의 경우는 수식어가 있어도 부정관사 a나 an이 붙을 수 있다.
> 정관사를 쓰는 경우와 용법이 다르다.
>
> ▶ He Is <u>a</u> staff member of our company.
>
> → 그는 우리 회사 간부 사원이다. (여러 명의 간부 중 한 사람이란 뜻이다.)

---

❹ the + 서수 · 최상급 · only · very · same · 고유한 대상물(sun, moon), 악기 이름

▶ He is <u>the last</u> person of the applicants.

→ 그는 지원자들 중 마지막 사람이다.

▶ You are <u>the only</u> man for the position.

→ 당신은 그 자리에 적합한 유일한 사람이다.

▶ I often play <u>the violin</u>.

→ 나는 종종 피아노를 친다.

5 the + 형용사 = 복수 보통명사(사람들), 추상명사(~한 것)

▶ <u>The</u> rich are not always happy.

→ 부자들이 항상 행복한 것은 아니다.

▶ A youth strives for <u>the</u> impossible.

→ 젊은이는 불가능한 것을 얻으려고 노력한다.

6 by the + 단위명사 : 시간이나 중량의 단위를 표시.

▶ The boat is hired <u>by the hour</u>.

→ 보트는 시간 단위로 빌려준다.

03_ 관사의 관용적 표현

1 관용적 수사어구

one of	several of	some of	
most of	all of		**+ the (소유격) + 명사**

▶ Almost <u>all of the</u> members will participate in the conference.

→ 거의 모든 회원들은 그 회의에 참가할 것이다.

▶ <u>Much of the</u> equipment is operated by the skilled workers.

→ 장비의 많은 부분은 숙련된 근로자에 의해 가동되고 있다.

2 관사를 수반하는 주요 관용표현

- as a result of : ~의 결과로서
- at the beginning of : ~이 시작할 때
- in a attempt to : ~에 대한 시도로
- in an effort to : ~에 대한 노력으로
- at the company : 회사에서
- at a high price : 높은 가격으로

cf. in error : 실수로

▶ As a resurt of the piolts' strike, an flights were cancelled.

→ 조종사의 파업의 결과로, 비행이 취소되었다.

04_ 관사를 쓰지 않는 명사

❶ 비한정적인 복수 가산명사
domes, cliffs, canyons, flashlights

❷ 불가산명사(일반화)
land, labor, capital, money, interest, rates, wealth

❸ 동명사
copper mining

cf. of- 구문으로 수식을 받을 때는 the 가 붙는다.

▶ the mining of copper

❹ 소유격과 지시사가 있는 경우
his famous Gettysburg address, in this field

05_ 관사의 위치

❶ so (as · too · how · however) + 형용사 + a (an) + 명사

▶ He was so great a man.

↱ 그는 대단히 위대한 사람이었다.

▶ It is too difficult a problem to solve.

↱ 그것은 풀기에 너무 어려운 문제이다.

❷ such (quite · rather · half · what · many) + a (an) + 형용사 + 명사

▶ I have never read such an interesting story.

↱ 나는 그렇게 재미있는 이야기를 읽어본 일이 없다.

▶ What a beautiful flower it is!

↱ 그것은 참으로 아름다운 꽃이로구나!.

❸ all (both · half · double · twice) + the + 명사

▶ <u>All the</u> students like holidays.

= All of the students like holidays. → 모든 학생들이 휴일을 좋아한다.

▶ I paid <u>double the</u> price for it. → 나는 그것에 두 배의 값을 지불했다.

Step 02 :: 관사의 생략과 반복

01_ 관사의 생략

❶ 관직 · 신분을 나타내는 말

① 주격보어나 목적격보어로 사용될 때.

▶ We elected Tom <u>captain</u> of our tennis club.

→ 우리는 톰을 테니스 클럽의 주장으로 선출했다.

▶ He was elected <u>mayor</u> of Seoul in 2005.

→ 그는 2005년에 서울 시장으로 선출되었다.

② 고유명사와 동격일 때.

▶ Elizabeth II, <u>Queen</u> of England, will visit America next year.

→ 영국 여왕 엘리자베스 2세가 내년에 미국을 방문할 것이다.

❷ 식사 · 운동 · 질병 · 학과명

▶ We have <u>lunch</u> at twelve-thirty. → 우리는 12시 30분에 점심식사를 한다.

cf. His mother made <u>a good</u> lunch for us.

→ 그의 어머니께서는 우리를 위하여 맛있는 점심식사를 만드셨다.

▶ Let's play <u>soccer</u> tomorrow morning.

→ 내일 아침에 축구하자.

❸ 건물 · 사물의 본래 의미

▶ <u>School</u> starts in September in the United States.

→ 미국에서는 수업이 9월에 시작된다.

▶ We usually go to <u>church</u> to pray on Sundays.

→ 우리는 대개 일요일마다 교회에 예배드리러 간다.

4 명사 + 명사의 관용적 의미

대조적인 두 개의 명사가 and에 의해서 밀접하게 연결되거나 같은 명사가 전치사로 연결되어 관용적인 뜻이 될 때 관사가 생략된다.

- day and night : 낮과 밤
- body and soul : 심신
- mother and child : 모자
- hand in hand : 손에 손을 잡고
- arm in arm : 팔짱을 끼고
- face to face : 얼굴을 맞대고

5 전치사 + 교통·통신 수단

교통·통신 수단을 뜻하는 명사가 전치사와 연결되어 부사구를 이룰 때는 관사가 없다.

- by bus : 버스로
- by land : 육로로
- by sea : 배편으로
- on foot : 걸어서
- by letter : 편지로
- by telephone : 전화로

cf. in <u>a</u> car

▶ I went to New York <u>by plane</u>.

↱ 나는 비행기로 뉴욕에 갔다.

▶ Going there <u>by subway</u> would be much quicker than <u>by bus</u>.

↱ 그곳에 지하철로 가는 것이 버스로 가는 것보다 훨씬 빠를 것이다.

02_ 관사의 반복

1 관사 + 명사 + and + 명사 : 동일한 것(단수)

▶ There is <u>a black and white dog</u> in the garden.

↱ 정원에서 바둑무늬의 개가 한 마리가 있다.

2 관사 + 명사 + and + 관사 + 명사 : 각각 다른 것 두 개(복수)

▶ There are <u>a black (dog) and a white dog</u> in the garden.

↱ 정원에는 검은 개 한 마리와 하얀 개 한 마리가 있다.

유형 1 문장완성

_____ question seems to be easier than expected.

(A) A   (B) An
(C) The   (D) One

문맥상 어떤 책을 지칭하는지
알고 있으므로 정관사 the를
써야 한다. 답 C

01 What _____ pretty car you have!

(A) is   (B) a
(C) the   (D) of

car는 보통명사이므로 단수의 경
우 부정관사가 붙어야 한다. (B)
감탄문의 어순은 「what + (a) +
형용사 + 주어 + 동사」이다.

02 A : My father is very strict.

B : I think _____.

(A) quite strict father he is
(B) he is a quite strict father
(C) he is a father quite strict
(D) he is quite a strict father

보통명사 앞에 붙는 수식어의 어
순은 「전치한정사(quite) + 한정사
(a) + 형용사(strict) + 명사(father)」
이다. (B) quite가 strict를 수식하
지만 그 앞에 있지 못하고 (D)처럼
a 앞으로 가야 한다.

03 _____ terrific musician, Paul McCartney also

supports many charitable causes.

(A) Which
(B) Because
(C) A
(D) Also

단수 가산명사로 쓰인 musician
앞에 오는 부정관사. '여러 직종
중 음악가라는 하나의 직종'임을
나타내는 의미에서 부정관사가
붙는다. Paul McCar-tney는
musician과 동격이고 보통명사
musician의 한정사 자리가 비어
있다. (A), (B), (D) 한정사가 될 수
없는 품사이다.

04 The office workers are paid _____.

(A) by an hour   (B) by the hours
(C) for hours   (D) by the hour

'단위'로 정해진 명사 앞에 붙는
정관사. 《사무직 노동자들이 받는
돈은 시간(hour) 당으로 정해진
다》는 의미에서 정관사 the가 붙
는다.

05 They sell pork _____ .

    (A) by pound   (B) by pounds

    (C) in pound   (D) in pounds

    (E) by the pound

돼지고기의 판매 단위로 정해진 명사 pound 앞에 붙는 정관사. (E) by the pound(파운드 당으로).

06 _____ more to be pitied than blamed.

    (A) Uneducated are   (B) Uneducated is

    (C) The uneducated are   (D) The uneducated is

    (E) All uneducated are

「정관사 the + 형용사」= 보통명사의 복수. the uneducated = uneducated men(people).

07 A: Does Lousia like _____ ?

    B: I bet she does.

    (A) to play piano   (B) to play the piano

    (C) of playing the piano   (D) playing piano

연주에 사용되는 기구인 악기 이름 앞에 붙는 정관사. (B) play the piano(피아노를 연주하다).

08 As a rule, the workers in this plant are paid _____ .

    (A) by a month   (B) by the month

    (C) a month   (D) by months

단위로 쓰일 때는 수단 전치사(by)와 더불어 한정되었다는 의미의 정관사가 붙는다. (A) 단위의 의미가 아닌 '한 달' 만을 의미할 경우 by와 함께 쓰지 않는다.

09 All of a sudden, he caught me by _____ .

    (A) my arms   (B) arm

    (C) the arm   (D) an arm

신체의 일부를 받는 소유격 대신에 쓰이는 정관사. (C) my arm이 주어와의 반복을 피해 the arm으로 바뀐 것이다. (A) 문법적으로 오류는 없으나 앞의 me와 중복되므로 사용되지 않는다.

10 I think he likes playing _____ .

    (A) football

    (B) a football

    (C) the football

    (D) football game

운동경기 이름은 추상명사이자 불가산 명사라서 부정관사가 붙지 않는다. (D) 특정 종류의 game을 의미할 때는 보통명사로 앞에 관사가 요구된다. 즉, play a football game = play a game of football(축구 경기를 하다).

11 The DMZ extends about two hundred kilometers _____ .

    (A) from the east to the west   (B) from the east to west

    (C) from eastern to western   (D) from east to west

대칭 명사구문에서의 관사 생략. the가 붙는 방위표시 단어들이 「from A to B」형 대칭 구문에 들어가면 정관사를 생략한다. DMZ(demilitarized zone : 비무장지대).

12 The hotel is a long distance from here. Are we going
_____ ?

(A) with a car   (B) by automobile

(C) in car   (D) by the car

교통수단에서 관사 생략. 차나 기차, 비행기들이 교통수단을 표시하는 by와 함께 쓰일 때 정관사가 생략된다. (A), (C) 차(안에)를 타고 간다는 의미에서 in a car를 쓴다.

13 People usually go to _____ to pray on Sundays.

(A) the church   (B) church

(C) a church   (D) their church

church가 본래의 의도(예배, 기도)로 사용될 때는 정관사가 생략된다. (A) go to the church(교회에 (예배, 기도 이외의 일로) 가다).

유형 2 틀린 곳 찾기

Mr. Ham is graduate school student who made an
             (A)   (B)   (C)

application for J-1 visa
    (D)

단수명사 student 앞에 관사가 필요하다. 답 A

---

01 At birth, the head of a baby is extremely large in relation
   (A)   (B)   (C)

to a rest of the body.
   (D)

의미상 정해진 명사 rest 앞에 오는 정관사. (D) the rest of the body(몸의 나머지 부분).

02 Although she stated again and again that she wanted
     (A)   (B)

to lose weight, she couldn't stay on diet.
  (C)   (D)

(D) stay on a diet = be on a diet(다이어트를 하다).

03 People's earliest efforts at understanding the structure
     (A)   (B)

of universe took the form of myths.
  (C)   (D)

유일해서 정해진 것 앞에 붙는 정관사. universe는 유일한 자연물로 정해져 있으므로 정관사가 붙는다.

04 In the last two decades of the late 20th century, it has
          (A)   (B)

become the custom for wealthy Korean to take
          (C)

an European tour.
(D)

부정관사 a와 an의 사용법. (D) Euro-pean의 첫 번째 발음 [j]는 자음으로 간주되므로 앞에 'a'가 온다.

05 Summer is the warmest season, but according to
     (A)   (B)

the record, summer of 1971 was unusually cool.
   (C)   (D)   (E)

계절명은 고유명사로 취급되어 관사가 붙지 않으나, 한정하는 말 (of 1971)이 들어가서 구체적으로 정해진 명사 앞에는 the가 온다.

06 During my first week in New Jersey, I looked for
          (A)   (B)

an apartment with a good view while at same time
                               (C)

keeping my tight budget in mind.
          (D)

최상급이나 서수, next, same 등이 붙어 특정한 사람이나 사물을 지칭하는 명사 앞에 오는 정관사. (C) at the same time(동시에).

07 Europe, through its high minimum wages and other rules,
                 (A)

saw a rise in real pay for those lucky enough to have jobs-
        (B)

at the price of chronic unemployment for unskilled.
    (C)   (D)

「정관사 + 형용사(unskilled)」= 보통명사의 복수. (D) 전치사 뒤이므로 명사 자리이고, 문맥상 '비숙련공'이라는 사람을 나타내는 「the + 분사」로 명사를 만든다. 《유럽은 높은 최저임금과 다른(좋은) 규정들 때문에 운 좋게 직장을 잡은 사람들의 실질임금의 상승을 목격해 왔는데, 이는 또한 비숙련공들의 만성적 실업(실직)이라는 대가를 치렀다.》

08 Traditionally, the President of the United States has been
                   (A)

a civilian; so it is all the more remarkable that
               (B)

the General Eisenhower should have achieved
        (C)   (D)

an overwhelming majority in the election.

칭호 앞에서의 관사 생략. (C) 고유명사 Eisenhower 앞에 쓰이는 칭호 General은 고유명사만으로도 칭호의 의미가 예견되므로 관사가 생략된다.

09 John Smart was trained as a lawyer. Then he took up
                            (A)

a politics and later became a member of parliament.
 (B)   (C)   (D)

as 뒤에 관직이 올 때는 관사가 붙지 않는다. (B) politics가 직업적 '정치'를 의미할 때는 보통명사로 쓰인다.

10 See to it that the safety switch in the "off" position when
        (A)   (B)   (C)

the machine is not in the use.
                      (D)

use는 불가산명사로 관사가 붙지 않는다. be in use(사용중이다).

유형 **1** 문장완성

1 Ⓑ 2 Ⓓ 3 Ⓒ 4 Ⓓ 5 Ⓔ 6 Ⓒ 7 Ⓑ 8 Ⓑ 9 Ⓒ 10 Ⓐ 11 Ⓓ 12 Ⓑ 13 Ⓑ

유형 **2** 틀린 곳 찾기

1 Ⓓ 2 Ⓓ 3 Ⓒ 4 Ⓓ 5 Ⓓ 6 Ⓒ 7 Ⓓ 8 Ⓒ 9 Ⓐ 10 Ⓓ

Step 03 :: 명사의 개념

1 가산명사

보통명사 · 집합명사 ⇁ 관사(○), 복수형(○)

few (a few)	many	
several	a (the) number of	**+ 가산명사**
each	every	

2 불가산명사

물질명사 · 고유명사 · 추상명사 ⇁ 관사(×), 복수형(×)

little (a little)	a amount of	
much		**+ 불가산명사**

● **주요 불가산명사** : 항상 단수취급

- advice : 충고
- baggage : 수하물
- money : 돈
- jewelry : 보석
- knowledge : 지식
- traffic : 교통
- equipment : 장비
- luggage : 수하물
- work : 일

- scenery : 경치
- information : 정보
- cash : 현금
- clothing : 의류
- news : 뉴스
- damage : 손해
- furniture : 가구
- machinery : 기계류

3 관사가 붙는 명사

- 증가 : an increase, a rise, a jump
- 감소 : a decrease, a decline, a drop

4 복수형이 가능한 명사

steps(조치), measures(대책), standards(기준), regulations(규정)

5 복합명사 : 명사(단수) + 명사

application form(응시원서), account number(계좌번호)

insurance coverage(보험보장범위)

cf. 예외: savings account(저축계좌), sales figures(판매수치), customs officer(세관직원)

명사의 종류

01_ 보통명사

1 가산명사

관사(a, an, the)가 붙거나, 복수형 어미 -s 나 -es 가 붙어야 한다.

- ▶ He has an egg in his hand.　　　→ 그는 손에 달걀 하나를 가지고 있다.
- ▶ There are some books on the desk. → 책상 위에는 몇 권의 책이 있다.

2 the + 보통명사의 단수

그 명사가 갖는 추상적인 의미(속성·신분)를 나타낸다.

- ▶ The pen is mightier than the sword.
- → 펜의 힘(文)이 칼의 힘(武)보다 더 강하다.

3 a + 보통명사 ① + of + a + 보통명사 ② : ①과 같은 ②

동격을 뜻하는 전치사 of에 의해 두 개의 단수 보통명사가 연결됨으로써 '~와 같은', '~이라는' 뜻이 된다.

- ▶ She was an angel of a wife. = She was a wife like an angel.
- → 그녀는 천사와 같은 아내였다.

4 type (kind · sort) of + 명사

「type (kind, sort) of」구문은 가산명사일 경우 type (kind, sort)를 복수로 하고, of 뒤에 나오는 명사에도 복수형을 쓴다.

▶ a type of plant, three kinds of lies. (가산명사)

cf. 그러나 불가산명사일 경우에는 of 뒤에 나오는 명사를 그대로 단수로 둔다.

▶ a type of money, two kinds of laughter. (불가산명사)

02_ 집합명사

- 한 개의 단위로 단수취급한다.
- class, family, club, team 등의 명사가 해당된다.

▶ His family is a large one.

↳ 그의 가족은 대가족이다.

▶ The average family has four members.

↳ 보통 가정은 4명을 갖고 있다.

1 군집명사

군집명사는 집합체를 구성하는 구성원을 말하므로 항상 복수취급해야 한다.

▶ My family are all early risers.

↳ 우리 가족은 모두 일찍 일어난다. (군집명사 : 복수)

▶ The class were satisfied with the results of the test.

↳ 우리 학급 아이들은 그 시험 결과에 만족하였다.

2 the + 집합명사 + 복수동사

- 직업 전체를 대표하는 명사집단.
- the police(경찰), the peasantry(소작농), the clergy(성직자) 등.

▶ The police are after the criminal.

↳ 경찰은 범인을 쫓고 있다. (집합명사)

cf. His father is a policeman.

↳ 그의 아버지는 경찰관이시다. (보통명사)

3 무관사 집합명사 + 복수동사

- 관사나 복수형 없이 복수취급.

- cattle(소), people(사람들), poultry(가금) 등.
  - ▶ <u>Cattle</u> live on grass.
  - → 소는 풀을 먹고 산다.

03_ 물질명사

- 셀 수 없는 명사이다.
- 관사가 붙지 못하며 복수형 어미도 붙지 않는 것이 원칙이다.
- 항상 단수취급한다.
  - ▶ This watch is made of <u>gold</u>.
  - → 이 시계는 금으로 만들어져 있다.
  - ▶ <u>Gold</u> is more precious than <u>silver</u>.
  - → 금은 돈보다 더 값어치가 있다.

☐ 보조수사

물질명사는 셀 수 없는 명사이기 때문에 one, two, three... 등의 수사가 붙을 수 없다. 그래서 수량을 나타내기 위해서는 특별한 말이 첨가된다.

- <u>an article of</u> clothing : 옷 한 벌
- <u>a cup of</u> coffee (tea) : 한잔의 커피(차)
- <u>a glass of</u> water (milk, wine) : 한 잔의 물(우유, 술)
- <u>a piece of</u> chalk (paper, bread) : 한 조각의 백묵(종이, 빵)
- <u>a pound (lump, spoonful) of</u> sugar : 한 파운드(덩어리, 스푼)의 설탕
- <u>a loaf of</u> bread : 한 덩어리의 빵
- <u>a cake of</u> soap : 한 장의 비누
- <u>a handful of</u> sand : 한 줌의 모래
- <u>a tube of</u> toothpaste : 치약 한 통

TIP...

복수의 개념일 경우, 단위를 나타내는 명사는 복수이며 물질명사는 그대로 단수형이다.
- ▶ four <u>articles</u> of <u>clothing</u> (4벌의 옷)
- ▶ two <u>pieces</u> of <u>information</u> (2개의 정보)

② 집합적 물질명사

① furniture(가구), clothing(의복), produce(농산물), machinery(기계류), baggage/ luggage(수화물) 등은 어떤 물건의 집합체를 나타내는 명사이다. 항상 단수취급.

▶ There was <u>much furniture</u> in his room.

↳ 그의 방에는 많은 가구가 있었다.

② 수량을 나타낼 때는 much, little, a piece (an article) of 등이 붙는다.

▶ She bought <u>a piece of furniture</u>.

↳ 그녀는 가구 한 점을 샀다.

③ 물질명사의 보통명사화

물질명사 앞에 부정관사(a, an)나 복수형 어미(-s 나 -es)가 붙으면 그 물질로 만든 제품, 개체, 구체적인 사건, 종류 등을 뜻하게 된다.

> glass(유리), fire(불), beauty(아름다움) → 물질명사
>
> a glass(유리잔), a fire(화재사건), a beauty(미인) → 보통명사

▶ She was <u>a beauty</u> in her days.

↳ 그녀는 한창때 미인이었다.

▶ There was <u>a fire</u> in this neighborhood.

↳ 이 이웃에 화재사건이 하나 있었다.

04_ 추상명사

원칙적으로 부정관사(a, an)나 복수형 어미가 붙을 수 없다.

▶ We cannot buy <u>happiness</u> with money.

↳ 돈으로 행복을 살 수는 없다.

① 추상명사의 수량표시

셀 수 없는 명사이기 때문에 a little, some, much, a lot of 등으로 표시하며, a piece of, a case of(한 건의), a fit of(한 차례) 등의 보조수사를 이용하기도 한다.

▶ He gave me <u>much advice</u>.

↳ 그는 나에게 많은 충고를 해주었다.

▶ He gave me a <u>piece of advice</u>.

→ 그는 나에게 한 마디의 충고를 해주었다.

② of + 추상명사 = 형용사구

명사를 수식하거나 동사의 보어가 된다.

▶ He is a <u>man of ability</u>. = He is an <u>able</u> man.

→ 그는 능력이 있는 사람이다.

③ 전치사 + 추상명사 = 부사구

전치사 with, by, in, on, to 등과 추상명사가 연결되면 부사구가 된다.

- with ease = easily : 쉽게
- by mistake = mistakenly : 실수로
- in comfort = comfortable : 편안히
- on purpose = purposely : 고의로
- to perfection = perfectly : 완전히

④ 추상명사의 관용적인 표현

all + 추상명사 = 추상명사 + itself = very + 형용사 : 대단히 ～하다, 매우 ～하다

▶ She is all kindness. = She is kindness itself. = She is very kind.

→ 그녀는 대단히 친절하다.

⑤ 추상명사의 보통명사화 : a (an) + 추상명사 = 보통명사

추상명사에 부정관사나 복수형 어미가 붙으면 보통명사처럼 사용되어서 어떤 성질의 소유자, 구체적인 행동, 어떤 성질을 갖는 사물 등을 뜻하게 된다.

▶ These pine trees add <u>beauty</u> to the landscape.

→ 이 소나무들이 풍경에 아름다움을 더하고 있다. (추상명사)

▶ She must have been <u>a beauty</u> when young.

→ 그녀는 젊었을 때는 미인이었음에 틀림없다. (보통명사)

05__ 고유명사

① 고유명사 : 관사(×), 복수형(×)

▶ <u>London</u> is the capital of <u>England</u>.

→ 런던은 영국의 수도이다.

2 고유명사의 보통명사화 : a (an) + 고유명사 = 보통명사

고유명사에 관사나 복수형 어미가 붙으면 보통명사처럼 특정한 사람이나 물건을 지칭한다.

▶ He wishes to become a <u>Chopin</u>.

↳ 그는 쇼팽과 같은 사람이 되기를 원한다. (~과 같은 사람)

▶ There are five <u>Marys</u> in our class.

↳ 우리 반에는 메리라는 이름이 다섯 명이다. (~라는 이름의 사람)

06_ 단수와 복수가 서로 다른 의미를 갖는 명사

- air (공기) → airs (태도)
- pain (고통) → pains (수고)
- custom (관습) → customs (세관)
- letter (문자, 편지) → letters (문학)
- arm (팔) → arms (무기)

07_ 단수형과 복수형이 같은 명사

- deer(사슴), salmon(연어), trout(송어), swine(돼지), sheep(양)
- Swiss, Chinese, Vietnamese → 고유형용사
- species(동·식물의 종), corps(군단)

08_ 외래어의 복수

- <u>-um</u> → <u>-a</u>   datum → data : 자료
               medium → media : 매체
               curriculum → curricula : 교과과정
- <u>-us</u> → <u>-i</u>   focus → foci : 초점
               stimulus → stimuli : 자극
               alumnus → alumni : 동창
- <u>-is</u> → <u>-es</u>   oasis → oases : 오아시스
               hypothesis → hypotheses : 가설

analysis → analyses : 분석

- -ex → -ices(-xes)   index → indices : 지표/ indexes : 색인

                           appendix → appendices/ appendixes : 부록

- -a → -ae   antenna → antennae : 촉각/ antennas : 안테나

                           formula → formulae (formulas) : 공식

- -on → -a   criterion → criteria : 기준

                           phenomenon → phenomena : 현상

09_ 이중소유격 : 한정사 + 명사 + of + 소유대명사

부정관사(a, an), 지시형용사(this/ that, some/ any), no, another 등의 한정사와 소유격을 나란히 쓰지 않는 소유격의 형태.

▶ She is an old friend of my mother's.

→ 그녀는 나의 어머니의 옛 친구이다.

▶ This is a portrait of my wife's.

→ 이것은 나의 아내의 초상화이다.

cf. This is a my wife's portrait. (X)

10_ 상호복수

- 동사가 상대를 필요로 하는 목적격을 사용하는 경우.
- 목적격의 명사는 반드시 복수형.
- make friends, exchange seats, shake hands, change cars, be on good terms with 등.

▶ Would you mind exchanging seats with me?

→ 나와 자리를 바꾸어 주시겠습니까?

▶ You must change trains for New York at the first station.

→ 너는 첫번째 역에서 뉴욕행 기차를 갈아타야 한다.

11_ 숫자와 관련된 복수표현

- hundreds of examples

- three <u>feet</u> : three foot (x)

    ※ 복수 수사 뒤에서는 복수가 온다.

- an eight-<u>foot</u>-long tail : an eight-feet long tail (x)

    ※ – 뒤에는 단수가 온다.

- ten <u>thousand</u> people : ten thousands people (x)
- ten <u>million</u> years ago : ten millions years ago (x)/ ten million <u>year</u> ago (x)

    ※ thousand와 million은 형용사 역할을 할 때 뒤의 복수명사를 수식한다.

- fifty <u>percent</u> of the inhabitants : fifty percents of the inhabitants (x)

    ※ percent는 양적인 표현으로 단수로 받는다.

- a fifty-<u>percent</u> decrease : a fifty-<u>percents</u> decrease (x)/

    <u>fifties</u>-percent decrease (x)

    ※ – 뒤에서는 단수명사가 온다.

▶ Sandy is thirteen-<u>year</u> old girl.

→ 샌디는 13세의 소녀이다.

cf. The girl is thirteen <u>years</u> old.

→ 그 소녀는 13세이다.

12__ 주의해야 할 명사

- attendant(일꾼/직원) → attendance(출석),
- applicant(응시자) → application(응시)
- president(대통령/회장) → presidency(대통령직)
- accountant(회계사) → account(계좌)

>>>> 실전문제

유형 1 문장완성

You don't have to pay for_____ as long as you have the warranty.

(A) repairs   (B) repairble

(C) responsibility   (D) repeat

전치사의 목적어로 명사가 와야 한다. **答** A

---

01 The committee_____ to its decision to limit the evidence.

(A) adhere   (B) adheres

(C) have adhered   (D) have been adhered

집합명사와 군집명사로 쓰이는 committee를 단수 its로 받았으므로 committee는 집합명사(위원회)이고 단수 취급한다.

02 Mr. Kim went to the university library because he wanted _____ .

(A) the informations

(B) some information

(C) an information

(D) one piece of an information

(E) none of those

추상명사 information은 불가산명사이므로 단수나 복수를 만들 때는 앞에 some이나 단위명사 piece 등을 붙인다. (D) a piece of information이면 정답.

03 One important lemon by-product is citric acid, _____ white crystalline powder.

(A) a   (B) is a

(C) that is   (D) which a

물질명사 powder에 형용사 white crystalline이 붙어 보통명사로 사용되었으므로 보통명사 powder 앞에 관사가 붙어야 한다. 《중요한 레몬 부산물 중 하나는 구연산으로, 하얀 수정 같은 분말이다.》

04 Do you think deer _____ the only animals with antlers?

(A) also   (B) are

(C) is   (D) being

단수와 복수가 동형인 deer. 「주어-보어」의 수 일치 원칙에 의지해 복수 보어에 대한 주어도 복수임을 확인할 수 있다. (B) 「주어-술어」의 수 일치 원칙에 의거 복수형 동사를 찾는다.

05 A : Who are these visitors?

B : They're all _____ I think.

(A) mathematics student

(B) mathematic students

(C) mathematics students

(D) student of the mathematics

명사 mathematics가 student를 한정하는 형태의 복합어를 구성한다. (C) mathematics student (수학과 학생). 〈명사+명사=복합어〉복합일 때는 2번째 명사를 복수로 한다.

06 The new highway is _____ .

(A) 100 kilometers in long　　(B) length of 100 kilometer

(C) 100 kilometers long　　(D) 100-kilometers-length

명사 100 kilometers의 부사로의 전용. 명사가 부사 자리에 쓰일 때는 복수형태를 그대로 유지한다. (A) 100 kilo- meters in length면 정답.

07 A : Did your club dance turn out well?

B : Yes. We made a _____ profit.

(A) five hundred dollar　　(B) five hundred dollars

(C) five hundreds dollar　　(D) five hundreds dollars

명사 five hundred dollars가 형용사로 전용되어 뒤에 오는 명사의 단위로 쓰인 용법. five hundred dollars가 형용사로 전용되었으므로 복수 어미가 없어진다.

08 Would you mind exchanging _____ with me?

(A) seats　　(B) a seat

(C) the seat　　(D) the seats

정답은 상호복수형인 seats. exchange는 무엇이든 두 개를 서로 맞바꾼다는 개념이어서 항상 복수명사를 목적어로 취한다.

09 You must change _____ for New York at the second station.

(A) a train　　(B) trains

(C) train　　(D) to train

change trains의 상호복수형. change는 두 개를 서로 바꾸는 경우로 복수형 명사를 목적어로 취한다. change trains(기차를 갈아타다).

10 I saw _____ at the barber's.

(A) my father's a friend　　(B) friend of my father

(C) my father friend　　(D) a friend of my father's

이중소유격 문제. *a my father's friend(이중한정에 의한 비문) *a friend of my father's(여러 명의 아버지 친구 중에서 한 명). (A)는 my father's friend면 정답.

11 His only _____ about his job is that he has to work on Sundays.

(A) accomplishment　　(B) complaint

(C) compliment　　(D) complement

《그의 직업에 관한 그의 유일한 불만은 그가 일요일마다 일을 해야 한다는 것이다.》 (A) 성취 (B) 불만/불평 (C) 칭찬 (D) 보충

The economical of South Korea has remarkably advanced
      (A)   (B)   (C)

since 1970s.
   (D)

정관사 다음에는 명사형 economy가 와야 한다. 답 A

01 His staff is facing various problem.
    (A) (B)   (C)   (D)   (E)

가산명사 problem은 보통명사이므로 부정관사나 복수형이 붙어야 한다. (D)의 various는 various kinds of의 뜻이므로 뒤에 나오는 명사는 복수형이 되어야 한다.

02 Some insect that feed on human blood also carry infections
        (A)   (B)   (C)

and even fatal diseases.
   (D)

가산명사 insect. (A) insect는 보통명사이고 3인칭 복수동사 feed로 볼 때 some 뒤에서는 복수형태가 와야 한다. (B) feed on(~을 먹고 살다).

03 There are restaurants and grocery stores filled with foods
              (A)   (B)

from every part of the world.
   (C)   (D)

food는 불가산명사 중 물질명사이므로 복수어미가 붙을 수 없고, 단수 취급한다. (B) (which are) filled with food.

04 His decision to retire came as surprise to everyone in the
           (A)   (B)   (C)   (D)

department.

추상명사 surprise가 놀라움이 아닌 '놀라운 하나의 일'이라는 의미로 보통명사로 사용된다. 《그의 그만두겠다는 결정은 그 부서의 모든 사람들에게 놀랄만한 일이었다.》

05 I believe the souls of five hundred Sir Isaac Newtons
         (A)   (B)   (C)

would go to the making of Shakespeare.
          (D)   (E)

고유명사 'Shakespeare'가 'Shakespeare 같은 사람'이라는 보통명사로 사용되었으므로 부정관사가 요구된다.

06 Peanuts <u>grow</u> in long, bright green <u>rows</u> on <u>18 inches-high</u>
          (A)   (B)   (C)

<u>bushes</u>.
 (D)

명사 18 inches가 다른 명사 bushes의 앞에서 bushes의 단위를 나타내는 형용사로 전용된 경우로 복수를 없애고 hyphen을 쓴다.

07 The great ship, <u>Titanic</u>, sailed for New York <u>on April 10th</u>,
                    (A)   (B)

1912. It was <u>carrying</u> 1316 passengers and a crew <u>of 891</u>.
              (C)   (D)

Titanic은 배의 이름이고 배의 이름은 여성 취급한다. 즉 여성 성질을 갖는 무생물은 여성으로 의인화되어 굳어진 경우로 여성 취급한다.

08 I <u>remember</u> that my brother, <u>unlike</u> Youngsu, <u>seldom</u>
      (A)   (B)   (C)

drank <u>wine</u> with his dinner.
       (D)

wine은 술의 종류를 나타내는 불가산명사로 관사 없이 쓰인다.
(D) → wine.

09 <u>Should</u> you have any <u>questions</u> regarding your <u>insuring</u>
    (A)   (B)   (C)

coverage, please <u>contact</u> me.
                   (D)

복합명사로 쓰이는 명사+명사의 구조는 앞의 명사가 단수명사이다.
(C) → insurance.

10 I want to <u>take</u> much <u>baggages</u> with me <u>on</u> my way <u>home</u>.
             (A)   (B)   (C)   (D)

baggage는 불가산명사로 의미와 관계없이 단수형을 쓴다.
(B) → baggage

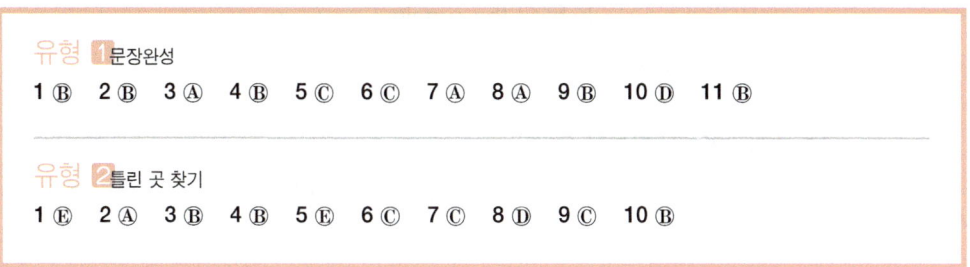

유형 **1** 문장완성

1 ⓑ   2 ⓑ   3 ⓐ   4 ⓑ   5 ⓒ   6 ⓒ   7 ⓐ   8 ⓐ   9 ⓑ   10 ⓓ   11 ⓑ

유형 **2** 틀린 곳 찾기

1 ⓔ   2 ⓐ   3 ⓑ   4 ⓑ   5 ⓔ   6 ⓒ   7 ⓒ   8 ⓓ   9 ⓒ   10 ⓑ

PRONOUN

대명사 03

인칭대명사·소유대명사·재귀대명사·지시대명사·부정대명사 등으로 나눈다.

Step 04 :: 인칭 · 소유 · 재귀대명사

수	인칭		인칭대명사			소유대명사	재귀대명사
			주격	소유격	목적격		
단수	1인칭		I	my	me	mine	myself
	2인칭		you	your	you	yours	yourself
	3인칭	남	he	his	him	his	himself
		여	she	her	her	hers	herself
		중	it	its	it	-	itself
복수	1인칭		we	our	us	ours	ourselves
	2인칭		you	your	you	yours	yourselves
	3인칭		they	their	them	theirs	themselves

01_ 재귀대명사

1 재귀대명사의 재귀용법

한 절 안에서 주어로 사용된 말이 또 목적어로 나올 때 쓰는 대명사를 말한다.

▶ He hid <u>himself</u> behind the curtain.

→ 그는 자신을 커튼 뒤로 숨겼다. (= 커튼 뒤로 숨었다.)

2 재귀대명사의 강조적 용법

'~자신', '~도 또한'이라는 뜻을 갖는다. 생략해도 문장의 기본적인 뜻에는 변함
이 없다.

▶ You must tell <u>her yourself</u>.

= You yourself must tell her.

→ 당신 자신이 그녀에게 말해야 한다.

❸ 재귀대명사의 관용적 용법
재귀대명사가 전치사와 결합하여 관용적인 뜻을 갖는다.

- by oneself : 혼자서 (= alone)
- of itself : 저절로 (= spontaneously)
- for oneself : 혼자 힘으로 (= without other's help)
- in itself : 본래 (= in its own nature)
- beside oneself : 제정신이 아닌 (= almost mad)
- between ourselves : 우리끼리 이야긴데

▶ She lives <u>by herself</u> in an old cottage.

= She lives alone in an old cottage.

→ 그녀는 낡은 오두막집에서 혼자 산다.

Step 05 :: 지시대명사

01_ this (these) · that (those)

❶ 전자에는 that을 후자에는 this를 사용한다
▶ Health is above wealth, for <u>this</u> (= wealth) can't buy <u>that</u> (= health).

→ 건강은 재산보다 우위에 있다. 재산으로 건강을 살 수 없기 때문이다.

❷ 선행 구나 절은 this나 that으로 나타낸다
▶ He kept silent, and <u>this</u> made her angry.

= He kept silent, and <u>that</u> made her angry.

→ 그는 계속 침묵했고, 그것은 그녀를 화나게 했다.

3 선행 명사의 반복을 피해서 that을 사용한다

▶ The climate of Korea is better than <u>that</u> of Japan. (= climate)

→ 한국의 기후은 일본의 기후보다 좋다.

▶ The apples here are like <u>those</u> of America. (= apples)

→ 여기 사과들은 미국의 사과들과 같다. (복수의 경우)

4 지시형용사, 부사로 this와 that이 모두 쓰인다

▶ I love this girl but hate <u>that</u> girl. (지시형용사)

→ 나는 이 소녀는 사랑하지만 저 소녀는 싫어한다.

▶ We have walked this far, not <u>that</u> far. (지시부사)

→ 우리는 그만큼 멀리 간 것이 아니라 이만큼 갔다.

5 those who, those 형용사(형용사구) : those people... (~하는 사람들)

▶ <u>Those who</u> were present were all surprised.

= Those present were all surprised.

→ 참석한 사람들은 모두 놀랐다.

▶ We must be kind to <u>those</u> around us.

→ 우리는 우리 주변에 있는 사람들에게 친절해야 한다.

02__ so · such · the same

1 so : **(say · think · suppose · hope · do) + so** 문장 전체나 일부를 받는다.

▶ Is she pretty? I <u>think so</u>.

(so = that she is pretty)

→ 그녀는 예쁩니까? 그렇다고 생각합니다.

2 such : 그러한 것, 그런 사람

① as such(그와 같이), 혹은 such as... 와 같은 형태로 사용된다.

▶ <u>Such</u> are the test results.

→ 시험의 결과는 그런 것이었다.

▶ He is a child and must be treated <u>as such</u>. (such = a child)

→ 그는 어린이다. 따라서 그렇게 취급되어져야 한다.

▶ Lend money only to <u>such as</u> will repay it.

→ 돈을 되돌려 줄 만한 그런 사람들에게만 빌려주어라.

② 종종 관계대명사 as 나 접속사 that과 연결되어 사용된다.

▶ I have never seen <u>such</u> a large cat.

→ 나는 그렇게 큰 고양이를 본 일이 없다.

▶ She is not <u>such</u> a student <u>as</u> would cut her classes.

→ 그녀는 수업을 빼먹을 그런 학생이 아니다.

▶ She was <u>such</u> a polite girl <u>that</u> everyone loved her.

→ 그려는 대단히 예의 바른 소녀여서 모든 사람들이 그녀를 좋아했다.

3 the same : 뒤에 흔히 as 가 나온다.

▶ It is <u>the same</u> pencil <u>as</u> I lost one.

→ 그것은 내가 잃어버린 것과 같은 종류의 연필이다.

Step 06 :: 부정대명사

01_ some · any

1 some : 긍정문, 권유, 긍정 응답이 예견되는 문장 등에 사용된다.

▶ I have <u>some</u> money.

→ 나는 약간의 돈을 가지고 있다.

▶ Would you have <u>some</u> coffee?

→ 커피 좀 드시겠어요?

▶ Don't you have <u>some</u> money?

→ 돈 있다면서? (돈이 있다는 것을 알면서 묻는 말.)

2 any : 부정 · 조건 · 의문문에서 사용되며, 부정어 없는 부정문에서 사용된다.

▶ Do you have <u>any</u> money?

→ 돈 좀 있으세요?

▶ I'll be glad to take <u>anybody</u> but Edward.

→ 나는 에드워드 말고 아무나 만나면 반가울 것이다.

▶ I doubt if <u>any people</u> would drink polluted water.

→ 나는 누구든 오염된 물을 마시지 않는지 의심스럽다.

02__ one · other · another

1 **one** : 사람(일반인)을 받을 때나 물건을 받을 때 사용한다.

▶ <u>One</u> should do his duty.

→ 사람은 자신의 의무를 해야만 한다.

▶ Do you have a TV set? Yes, I have <u>one</u>. (= a TV set)

→ 텔레비전 세트 있어요? 네, 있어요.

TIP...

다음과 같은 경우에는 반드시 생략된다.

▶ This is my hat and that is <u>my brother's</u>.

→ 이것은 내 모자고 저것은 내 형 것이다. (소유격 뒤)

▶ He has three pens and I have only <u>two</u>.

→ 그는 세 개의 펜을 가지고 있고 나는 두 개 뿐이다. (수사 뒤)

▶ I visited the old world and <u>new</u>.

→ 나는 오래된 곳과 새로운 곳을 방문했다. (대조할 때)

2 **other**

• one ~ the other : (둘 중) 하나는, 또 하나는

• some ~ others : 일부는, 나머지는(막연한 경우)

• some ~ the others : 일부는, 나머지는(제한된 경우)

▶ I have two pens; <u>one</u> is green and <u>the other</u> is red.

→ 나는 펜이 두 자루 있는데, 하나는 초록색이고 또 하나는 빨간 색이다.

▶ I have many books; <u>some</u> are novels and <u>others</u> comic books..., <u>the others</u> textbooks.

→ 나는 많은 책들을 가지고 있는데, 약간은 소설이고, 약간은 만화책이고, 다른 것들은 교과서들이다.

• the one ~ the other : 전자, 후자

▶ I have a cat and a dog; <u>the one</u> is white and <u>the other</u> is black.

→ 나는 고양이와 개를 한 마리씩 갖고 있다. ; 전자는 흰색이고 후자는 검정색이다.

❸ another = an + other : 또 다른 하나, 또 다른 한 사람, 그와 같은 것(사람)

▶ I don't like this pen. Show me <u>another</u>.

→ 이 펜이 마음에 들지 않아요. 또 다른 하나를 보여주세요. (또 다른 것)

▶ There is <u>another</u> to come.

→ 또 다른 한 사람이 왔어요. (또 다른 사람)

▶ If I'm a mad man, you are <u>another</u>.

→ 만약에 내가 미친 사람이라면, 당신도 그와 같은 사람이다. (그와 같은 사람)

● **one · another · a third :** 첫째, 둘째, 셋째~ 등에 사용한다.

▶ I have ten pens; <u>one</u> is red, <u>another</u> blue, <u>a third</u> green...

→ 나는 열 개의 펜을 가지고 있는데 하나는 빨간 색이고, 두 번째 것은 파란 색, 세 번째 것은 초록색이고…

03_ all · both

❶ all : 무생물은 단수취급, 사람은 복수취급.

▶ <u>All was</u> silent.

→ 모두가 조용했다.

▶ <u>All men are</u> mortal.

→ 모든 사람들은 다 죽는다.

▶ My family are <u>all early risers</u>.

→ 우리 가족은 모두 일찍 일어난다.

❷ both : '둘 다'라는 뜻으로 복수취급.

▶ <u>Both of us were</u> very tired.

→ 우리는 둘 다 매우 지쳤었다.

▶ <u>Both books are</u> dull.

→ 책 두 권 모두 재미없다.

04_ each · every : 단수취급

❶ each : 각각(둘 이상일 때 하나하나 제각각)

▶ <u>Each</u> of us has <u>his</u> own claims.
→ 우리는 각각 자기 자신의 주장을 가지고 있다.
▶ <u>Each</u> student <u>was</u> given a rose.
→ 각각의 학생들은 장미를 받았다.

2 every : 모두(셋 이상일 때 개별적으로 합하여 전부)
▶ <u>Every</u> boy <u>speaks</u> well of him.
→ 모든 소년들이 그를 좋게 말한다.

05_ either · neither : 단수취급
either(neither) A or(nor) B : 'A 나 B 둘 중의 하나'를 말하며 동사는 B 에 일치한다.

1 either : 둘 중 하나
▶ <u>Either</u> of them <u>is</u> correct.
→ 둘 중 한 명은 옳다.
▶ <u>Either</u> you or I <u>am</u> wrong.
→ 당신과 나 둘 중 하나는 틀렸다.

2 neither : 둘 다 아닌
▶ <u>Neither</u> of them <u>is</u> rich.
→ 그 둘 다 부자가 아니다.
▶ <u>Neither</u> answer <u>is</u> correct.
→ 두 대답 다 옳지 않다.

06_ no · none

1 no : not 보다 강한 부정을 표시하는 형용사로 가산 · 불가산 명사에 모두 쓰인다.
▶ Don't go there if you have <u>no</u> gun.
→ 만약 당신이 총을 가지고 있지 않다면 거기에 가지 마세요.
▶ I have <u>no</u> books on the subject.
→ 나는 그 주제에 대한 책이 없다.

TIP...

not과 never는 부사이다. 따라서 동사나 형용사를 수식한다.

▶ <u>Not all</u> clouds produce rain or snow. (not은 형용사 all을 수식)

▶ Some people think we may <u>never</u> discover evidence of life on other planets. (never는 동사 discover를 수식)

2 none : 부정대명사로 가산·불가산 명사에 모두 쓴다.

▶ <u>None of us</u> are rich.

→ 우리 중에 아무도 부자는 없다. (가산명사 = 복수)

▶ <u>None of the water is</u> polluted.

→ 오염되지 않은 물이 없다. (불가산명사 = 단수)

07_ most · almost

1 most

▶ <u>Most</u> of the people like money.

→ 대부분의 사람들은 돈을 좋아한다.

▶ The game they like <u>most</u> is tennis.

→ 그들이 가장 좋아하는 게임은 테니스이다.

2 almost : all이나 every와 함께 쓰인다.

▶ <u>Almost all</u> the people have ambition.

→ 거의 모든 사람들이 야망을 가지고 있다.

유형 1 문장완성

The company made_____ possible for people to use internet outdoors.

(A) this   (B) that

(C) it   (D) them

빈 칸에는 for 이하를 지칭하는 가목적어 it을 써야 한다. 답 C

---

01 The committee decided to award the trophy to Rob and _____ .

(A) myself   (B) I

(C) my self   (D) me

전치사의 목적어로 온 인칭대명사의 목적격. 전치사 to 다음에는 목적격이 와야 한다.

02 The use of radar as well as the two-way radio _____ for the police to intercept most speeders.

(A) make it possible

(B) makes it possible

(C) makes possible

(D) make it a possibility

for ~ to 진목적어를 대신한 가목적어 it.《쌍방향 무선 통신뿐만 아니라 레이더의 사용도 경찰이 대부분의 과속자들을 봉쇄할 수 있게 했다.》

03 Phonograph records, tape recordings and computers have made _____ to store data conveniently and accurately.

(A) easier   (B) easier than

(C) it is easier (D) it easier

「5형식동사 + 목적어 + 목적보어」 구문에서 목적어가 부정사일 때는 가목적어를 두고 뒤로 이동한다. (made to store data easier → made it easier to store data).

04 Each of us should do _____ .

(A) his   (B) our

(C) each's   (D) one's

타동사 do의 목적어로 온 소유대명사 his. (B) our own이면 정답. (C), (D) (대)명사이어야 목적어가 될 수 있다.

05 Miss Byers fixed the typewriter _____ since the repairman was ill.

(A) her (B) she

(C) hers (D) herself

재귀대명사의 강조적 용법. 아무 것도 오지 않아도 되는 빈 칸에 온 대명사는 주어 Miss Byers와 동일인이므로 재귀대명사형으로 써야 한다.

06 "You ought to be ashamed of _____ !" I blurted out just as I began to realize how distorted their comments were.

(A) yourself (B) being yourself

(C) yourselves (D) to be yourselves

재귀대명사의 재귀적 용법. (A) their로 볼 때 복수의 you로 써야 한다. blurt out(불쑥 말하다), distorted(왜곡된).

07 The frog escaped from its basket, and _____ caused all the girls to scream.

(A) these (B) those

(C) what (D) this

(E) which

선행하는 절을 받는 지시대명사 this. 접속사 and의 뒷자리이며 동사 caused의 앞자리인 주어(명사) 자리이다. 문맥상 주어는 앞 문장 전체를 받는다. 앞 문장 전체를 받는 것은 this나 that뿐이다. 《개구리가 바구니에서 도망쳐 나오자 모든 여자아이들이 비명을 질러댔다.》

08 All history confirms the doctrine that _____ rely upon the sword shall perish by it.

(A) those who (B) if we

(C) however we (D) during we

(E) though we

관계대명사의 선행사로 오는 those의 용법. the doctrine과 that절은 동격절이다. (B), (C), (E) 본문의 that과 접속사가 중복된다.

09 Because my trousers are torn by the spike, I'm going to buy a new _____ .

(A) one (B) ones

(C) pair (D) trouser

trousers는 복수취급 명사라 one으로 받지 못하나 a pair of trousers는 one으로 more than two pairs of trousers는 ones로 받을 수 있다.

10 If people really knew how much harm liquor does to their body, I doubt if _____ people would drink it.

(A) few (B) no

(C) any (D) some

문장 내에 부정어는 없지만 I doubt(~이 아니라고 생각하다)로 볼 때 부정의 의미가 내포되어 있으므로 any를 써야 한다. (C) 마실 거라고 생각하지 않다 의 뜻이다. 《주류가 얼마나 몸에 나쁜지 사람들이 확실히 안다면, 과연 누가 술을 마실지 의문이다.》

11 We do not know when or what the end will be, but we know that there will be _____ .

(A) it   (B) that
(C) one   (D) ones
(E) at once

동종의 가산명사를 받는 one. 빈칸엔 '그 종말'로 받으면 it이나 that이, '그런(종류의) 종말'로 받으면 one이 올 수 있다. (A), (B) 「there + 존재동사 + 신정보명사로 된 주어」라는 there 구문의 원칙상 신정보를 주는 대명사 one만이 주어로 올 수 있다.

12 To take pride in what deserves boasting is one thing, and to take good care of it is quite _____ .

(A) others   (B) thing
(C) another   (D) the other
(E) one

'~와는 별개다'를 나타내는 'one thing, another'의 용법.

13 I have two sisters. One is a doctor and _____ is a teacher.

(A) another   (B) other
(C) the other   (D) other

둘 중에서 '하나는, 다른 하나는'의 용법에 쓰는 one, the other.

14 A: Did Jack and Tom understand her?
B: No. _____ of them is very bright.

(A) Not either   (B) Not one
(C) Neither   (D) No one

either는 긍정문에서 '둘 중의 하나'를 뜻하고, neither는 부정문에서 '둘 중 하나'를 지칭한다.

15 During my stay at Princeton University, I came to know _____ the faculty members there.

(A) most of   (B) almost
(C) almost of   (D) the most

부정대명사로 쓰인 most. almost는 대명사로 쓰일 수 없으나 most는 대명사로 쓰일 수 있다.

16 _____ all the goods were spoiled by the rain.

(A) Mostly   (B) Most
(C) Almost   (D) Most of

all은 부사에 의해 수식을 받아야 한다. all과 every는 almost와 함께 쓰이는 경우가 많다.

Ms. Walton introduced her to all the staff of Asia TEFL.
　　　　　(A)　　　　(B)　(C)　　　　　(D)

Ms. Walton이 그녀 자신을 소개한 것이므로 herself가 되어야 한다. **답** B

---

01 Undoubtedly, it was he, not me who recommended that
　　　　　　　(A)　　　(B)　(C)

the trip be cancelled. None.
　　(D)　　　　　(E)

도치 구문 속에 온 인칭대명사의 주격. (C) recommended의 주어이므로 주격이 와야 한다.

---

02 I know of no woman in my office who is more
　(A)　　(B)　　　　　　(C)

generous than her.
　　　　　(D)

두 문장을 비교하는 접속사 than 뒤에 오는 주격. 「A is very generous + B is a little generous」 = 「A is more generous than B(is generous)」. B는 술어가 생략된 주어이므로 주격이어야 한다.

---

03 Various animals have shells that keep themselves
　(A)　　　　　　　　　　　　　(B)

from growing beyond a certain size.
　　　　(C)　　(D)

(B) themselves가 되기 위해서는 that절 안의 주어자리에 they가 있어야 하지만 실제 themselves는 that절 밖의 animals를 받으므로 인칭대명사의 목적격 them으로 고쳐야 한다.

---

04 Someone has left their books and papers on the desk
　　　　　(A)　　　　　　　(B)

in my study.
(C)　(D)

(A) 앞의 someone을 받는 소유격 자리이다.

---

05 It is difficult for a political leader to accept any criticism.
　　　　　　　　　　　　　　　　　(A)

Yet, the good statesman, like all sensible human beings,
　　　　　(B)

always learns more from their opponents than from supporters.
　(C)　　　　　(D)　　　　　　　(E)

(D) 앞의 the good statesman을 받는 소유격 자리이다. 《어떤 비판이라도 정치 지도자가 받아들이기는 쉽지 않다. 그러나 모든 훌륭한 사람들처럼 훌륭한 정치가는 늘 그들의 지지자들부터 보다는 적대자들로부터 더 많이 배운다.》

06
He who will not try to help other people develop
(A)   (B)

his abilities deserves to have friends.
(C)   (D)

(C) 앞의 people을 받는 자리이다. 《다른 사람들이 능력을 계발하는 것을 도우려 하지 않는 사람은 친구를 가질 자격이 없다.》

07
All during his political career, Senator Baker believed that
(A)   (B)

it was the nation's welfare that mattered, not him.
(C)   (D)

주격보어로 온 소유대명사 his. 「B, not A」= 「not A but B」. A와 B는 대등한 것이어야 병치성을 준수한다. 여기서 (A)는 his(welfare), B는 the nation's welfare. 《정치활동 내내 베이커 상원의원은 자신의 안녕이 아닌 국가의 평안이 중요한 것이라고 믿었다.》

08
Some of my close friends are from Latin America, others
(A)   (B)   (C)

are from Europe,and rest are from the Middle East.
(D)

가산명사 중에서 일부는 some, 나머지 일부는 others, 나머지 모두는 the rest (the others)의 용법. (D) 나머지 모두의 경우는 '모두'로 한정되므로 정관사 the가 붙는다.

09
Although Julia Adams was almost totally deaf in one ear
(A)

and had weak hearing in another, she overcame the
(B)   (C)   (D)

handicap and became an internationally renowned pianist.
(E)

하나는, 다른 하나는 용법에는 one, the other 를 쓴다. (C) 두 개의 귀 중 다른 하나이니까 the other를 써야 한다.

10
The Hocanes appear friendly and peaceful, but they are
(A)   (B)   (C)

deeply suspicious of another tribes.
(D)

'다른(형용사)'를 나타내는 other의 용법. (D)에는 가산명사 복수인 tribes 앞에 올 수 있는 '다른'을 의미하는 형용사가 요구된다.

11
Old Harcourt had lots of time to amuse him, because he
(A)   (B)

was on a pension after working hard all his life.
(C)   (D)   (E)

재귀대명사의 재귀적 용법. (B) 주어(Harcourt) 자신을 나타내는 말이 그 문장 내에 다시 나올 경우 재귀대명사(himself)로 써야 한다. (C) be on a pension(연금을 받고 있다). (D) 주절의 시제(was) 보다 앞서지만 after가 선후관계를 잘 나타내주므로 완료형(having worked)을 쓰지 않아도 된다.

12 Our economy needs plenty of new electrical energy
                                                   (A)

to keep on growing. Almost all of that new energy are
           (B)   (C)

coming from coal and nuclear electric plants.
                                (D)

사물에 쓰인 부정대명사 all. (C) all이 사물을 받을 때는 집합명사로 단수취급하므로 동사는 단수형이 와야 한다. 《우리 경제는 성장을 유지하기 위해 다량의 새로운 전기 에너지가 필요하다. 이 새로운 에너지는 거의 대부분은 석탄과 핵전기 발전소에서 생산되고 있다.》

13 This is a little bit large for me. Show me another ones.
           (A)   (B)   (C)   (D)

another 뒤에는 단수명사가 온다. (D) → one. cf. another 뒤에 시간을 나타내는 복수형이 오기도 한다 : another ten weeks, another ten months.

14 The profits of last year were much higher than these of
                   (A)   (B)   (C)   (D)

this year.

앞에 나온 명사를 받을 때 단수이면 that 복수이면 those가 된다. (D) → those.

유형 **1** 문장완성

1 ⓓ 2 ⓑ 3 ⓓ 4 ⓐ 5 ⓓ 6 ⓒ 7 ⓓ 8 ⓐ 9 ⓒ 10 ⓒ 11 ⓒ 12 ⓒ 13 ⓒ
14 ⓒ 15 ⓐ 16 ⓒ

유형 **2** 틀린 곳 찾기

1 ⓒ 2 ⓓ 3 ⓑ 4 ⓐ 5 ⓓ 6 ⓒ 7 ⓓ 8 ⓓ 9 ⓒ 10 ⓓ 11 ⓑ 12 ⓒ 13 ⓓ
14 ⓓ

ADJECTIVE
형용사

04

- 형용사는 사물의 성질이나 상태 혹은 수량을 나타내는 말.
- 명사를 수식.
- 원급 · 비교급 · 최상급 등 비교 변화가 있다.

Step 07 :: 형용사의 용법

01_ 한정적 용법

❶ 명사 바로 앞이나 뒤에서 명사를 수식

▶ We will wish him <u>good</u> health and a <u>long</u> life.

→ 우리는 그에게 건강과 장수를 기원할 것이다. (명사 health와 life수식)

▶ Brazil is a country <u>famous</u> for coffee.

→ 브라질은 커피로 유명한 나라이다. (명사 country수식)

❷ 한정적 용법의 대표적인 형용사

• drunken : 술 취한	• mere : 단순한
• very : 바로 그	• main : 주요한
• golden : 금빛의	• wooden : 나무의
• only : 유일한	• outer : 밖의
• inner : 안의	• former : 전자의
• latter : 후자의	• upper : 더 위의

▶ He has a <u>wooden</u> house in the country.

→ 그는 시골에 나무로 지은 집을 한 채 가지고 있다.

02_ 서술적 용법

1 주격보어로 주어를 설명하거나 목적격보어로 목적어를 설명

▶ The grass is <u>green</u> and the sky is <u>blue</u>.

↳ 잔디는 녹색이고 하늘은 파랗다. (주어 설명)

▶ You must keep your teeth <u>clean</u>.

↳ 여러분은 이를 깨끗이 해야 합니다. (목적어 설명)

2 서술적 용법의 대표적인 형용사

• 다음 형용사는 명사 앞에는 오지 못하고 주격보어나 목적격보어로만 사용된다.

• a로 시작하는 형용사가 많다.

• alive : 살아 있는	• asleep : 잠들어
• ashamed : 부끄러워	• afraid : 두려워하여
• alone : 홀로	• awake : 자지 않고
• alike : 서로 같은	• worth : ~의 가치가 있는
• content : 만족하여	• fond : 좋아하는

▶ The painting was <u>alive</u> with vivid hues.

↳ 그 그림은 산뜻한 색채로 생기가 넘쳤다.

cf. A <u>living</u> lion was caught.

↳ 살아 있는 사자가 잡혔다.

03_ 용법에 따라 뜻이 달라지는 형용사

• 한정적 용법과 서술적 용법에 따라 뜻이 달라지는 형용사.

• 명사 바로 앞에 나오는 경우와 be동사 뒤에 올 경우 각각 뜻이 달라지는 형용사가 있다.

▶ a <u>certain</u> lady

↳ 어떤 숙녀 (한정)

▶ It is <u>certain</u> that he will succeed.

↳ 그가 성공할 것은 확실하다. (서술)

{ ▶ the <u>present</u> king

→ 현재의 왕 (한정)

▶ I was not <u>present</u> at the meeting.

→ 나는 그 회의에 참석하지 않았다. (서술)

{ ▶ the <u>late</u> news

→ 최근의 소식 (한정)

▶ I'll be <u>late</u> at the office tomorrow.

→ 내일은 늦게 출근하겠습니다. (서술)

04_ 주의해야 할 형용사

같은 어원에서 나온 두 개의 형용사가 서로 다른 뜻으로 사용되는 경우가 있다.

- <u>imagination</u> imaginative: 상상력이 풍부한

  → imaginable: 상상할 수 있는 → imaginary: 상상의, 가상의

- <u>respect</u> respectable: 존경할 만한, 훌륭한

  → respectful: 존경하는, 정중한 → respective: 각각의, 각자의

- <u>industry</u> industrious: 근면한, 부지런한

  → industrial: 산업의, 공업의

- <u>succeed</u> successful: 성공한, 잘 된

  → successive: 계속적인, 지속적인

- <u>economy</u> economical: 경제적인, 절약하는

  → economic: 경제의, 경제에 관한

- <u>history</u> historic: 역사상 유명한

  → historical: 역사에 관한

- <u>sense</u> sensitive: 민감한, 예민한

  → sensible: 지각이 있는, 분별력 있는

- <u>consider</u> considerable: 많은, 상당한

  → considerate: 동정심 많은, 사려 깊은 → considering: ~을 고려하면

- <u>credible</u> credible : 믿을 수 있는

  credulous: 속기 쉬운

- <u>health</u> healthy: 건강한, 건장한

  → healthful: 건강에 좋은

05_ 주의해야 할 형용사 표현

- at a reasonable price : 적절한 가격에
- a reliable source : 믿을 만한 정보
- early retirement : 조기 은퇴
- at a rapid rate : 빠른 속도로

형용사가 명사 뒤에 위치하는 경우

1 something, anything, somebody, nobody 등 -thing 이나 -body로 끝나는 명사 뒤에 온다

▶ Please, give me <u>something cold</u> to drink.

→ 차가운 마실 것을 좀 주십시오.

2 all (every) + 명사를 -ible, -able형의 형용사가 수식할 때

▶ He employed all <u>means available</u>.

→ 그는 이용할 수 있는 모든 수단을 다 썼다.

▶ They wanted to get <u>every things possible</u>.

→ 그들은 가능한 모든 것을 가지려고 했다.

수사

1 주의해야 할 수사

hundred, thousand, dozen, score 등은 앞에 다른 수사가 와서 일정한 수를 나타낼 때는 복수형을 안 쓴다. 다만 전치사 of 앞에 사용되어 막연하게 '많은'이라는 뜻으로 쓰일 때는 복수형 어미 -(e)s 가 붙는다.

▶ <u>hundreds of</u> people

→ 수백 명의 사람들

▶ <u>two hundred</u> people

→ 2백 명의 사람들

▶ <u>thousands of</u> books

→ 수천 권의 책들

▶ <u>two thousand</u> books

→ 2천 권의 책들

② 서수사

앞에는 정관사 the가 붙는 것이 원칙이다.

▶ He was the <u>second</u> man who arrived at the meeting.

→ 그는 회의에 도착한 2번째 사람이었다.

● 주의해야 할 서수사

- one → first
- three → third
- eight → eighth
- twelve → twelfth
- twenty-one → twenty-first
- two → second
- five → fifth
- nine → ninth
- twenty → twentieth

③ 배수사

일반적으로 「기수 + times」의 형식으로 사용된다.

▶ twice (= two times)

→ 두 배, 두 번

▶ thrice (= three times)

→ 세 배, 세 번

▶ five times

→ 다섯 배, 5번

▶ This is <u>five times as</u> long <u>as</u> that.

= This is <u>five times the length of</u> that.

→ 이것은 저것보다 5배 더 길다.

④ 분수 읽는 법

- 분자는 기수로, 분모는 서수로 읽는다.
- 분자가 2 이상이면 분모에 -s를 붙인다. ½, ¼은 별도의 읽는 방법이 있다.

▶ ⅓ → one-third

▶ ⅔ → two-thirds

- ▶ 1 ⅓ → one and one-third
- ▶ ½ → a half, <u>one half</u>
- ▶ ¼ → one-fourth, <u>a quarter</u>
- ▶ ¾ → three-fourths, three quarters

Step 08 :: 부정 수량 형용사

few, little, some, any, enough, many, much 등 막연한 수나 양을 표시하는 형용사.

01_ few · a few · not a few · only a few
셀 수 있는 명사와 같이 쓰인다.

1 a few : 조금 있는, 약간 있는(긍정적 의미)
- ▶ <u>A few</u> students attended the meeting.
- → 몇몇 학생들이 그 모임에 참석했다.

2 few : 조금밖에 없는, 거의 없는(부정적 의미)
- ▶ <u>Few</u> students failed in the examination.
- → 시험에 떨어진 학생은 거의 없었다.

3 not a few (= quite a few · many · a good few) : 많은, 꽤 많은 수의
- ▶ <u>Not a few</u> people denied the fact.
- → 상당히 많은 사람들이 그 사실을 부인했다.

4 only a few (= very few · but few) : 대단히 적은, 근소한
- ▶ <u>Very few</u> have seen it.
- → 그것을 본 사람은 거의 없다.

02_ little · a little · not a little · little better than
양을 표시하는 말로 셀 수 없는 명사 앞에 온다.

1 **a little** : 조금 있는, 약간의(긍정적 의미)

▶ A little care could have prevented the accident.

→ 조금만 주의했더라면 그런 사고는 방지할 수 있었을 텐데.

2 **little** : 조금밖에 없는, 거의 없는(부정적 의미)

▶ There is little hope of her recovery.

→ 그녀가 회복될 가망은 거의 없다.

3 **not a little (= quite a little · no little · much)** : 상당히 많은

▶ It has caused me not a little anxiety.

→ 그것은 나에게 적지 않은 불안을 끼쳐 주었다.

4 **little better than (= as good as)** : ~이나 다를 바 없는

▶ He is little better than a beggar.

→ 그는 거지나 다름없다.

03_ many · a good many (a great many) · as many · like so many
셀 수 있는 명사 앞에 온다. 복수취급.

1 **many**

▶ Many arrows didn't hit the target.

→ 과녁에 맞지 않은 화살이 많았다.

2 **a good many · a great many** : 상당한 수(의), 매우 많은

▶ A good many his shoes are sneakers.

→ 그의 신발들 중 상당수는 운동화이다.

3 **as many** : (앞에서 언급된 수와) 같은 수의

▶ There are four beds in as many rooms.

→ 4개의 방에 같은 수의 침대가 있다.

4 like so many : 같은 수의 ～처럼, 마치 ～처럼

▶ Three years went by <u>like so many</u> weeks.

→ 3년이 3주처럼 지나갔다.

04_ much · as much · not so much as · not so much A as B
셀 수 없는 명사 앞에 온다. 단수취급.

1 much

▶ I didn't have <u>much</u> difficulty in finding her house.

→ 그다지 힘들이지 않고 그녀의 집을 찾았다.

2 as much (= the same amount) : 같은 양, 그 정도

▶ Eat <u>as much</u> as you want.

→ 네가 원하는 만큼 먹어라.

3 not so much as (= not even) : ～조차도 못한

▶ I <u>couldn't so much as</u> say a word at that time.

→ 나는 그 당시에 한 마디조차도 말할 수 없었다.

4 not so much A as B (= B rather than A) : A 라기보다는 차라리 B

▶ John is <u>not so much a friend as a brother</u>.

→ 존은 친구라기보다 차라리 형제이다.

실전문제

유형 **1** 문장완성

It is _____ that he is guility.

(A) certainly   (B) certainty

(C) certain   (D) for certain

be동사의 보어로 형용사가 와야 한다. 답 C

---

01 I want to buy _____ eggs.

(A) a dozen of   (B) two dozens of

(C) dozen of   (D) two dozen

수사 dozen은 형용사로 쓰이거나(two dozen eggs), 복수명사로 쓰인다. (B), (C)는 dozens of eggs로 고쳐야 한다.

02 A: Do you like the Chinese food served in American restaurants?

B: It's not bad but I prefer _____ .

(A) Chinese food authentically

(B) Chinese authentic food

(C) food Chinese authentic

(D) authentic Chinese food

(E) authentically Chinese food

성질 형용사인 authentic(진짜)과 유래 형용사인 Chinese의 어순은 「성질 + 유래」이다. (E) authentically cooked Chinese food이면 정답이다.

03 A: Which shoes belong to his father?

B: The _____ .

(A) blue large five ones   (B) five blue large ones

(C) five large blue ones   (D) large five blue ones

수사(five)는 대소 형용사(large) 앞에 온다.

04 The guerrillas' intention is to capture him _____ .

(A) live   (B) alive

(C) to live   (D) to be alive

보어로 사용되는 형용사의 서술적 용법. alive는 a- 형용사로 항상 서술적 용법에만 쓴다. (A) 한정적 용법으로만 쓰인다. 《게릴라들의 목적은 그를 생포하는 것이다.》

05 The American dream does not come to those who fall
_____ .

(A) sleeping   (B) sleep

(C) asleep   (D) slept

fall은 2형식 동사로 형용사를 주격보어로 사용하며 이때 형용사는 서술적으로 쓰이는 형용사라야 된다. asleep은 a- 형용사로 항상 서술적 용법에만 사용된다. 《미국의 꿈은 잠자고 있는 자에게는 찾아오지 않는다.》

06 A: What's up?

B: Nothing serious. Barbara returned home_____ .

(A) hungry

(B) hungrily

(C) to be hungry

(D) being hungry

주격 서술보어(준보어)로 쓰인 'hungry'의 용법. return은 1형식 동사(완전자동사)로 주격보어를 필요로 하지 않는다. (A) Barbara was hungry when she returned home : 서술보어로 쓰인다. (B) 부사 hungrily는 '걸신들린 듯이, 주린 듯이 허겁지겁 (먹을 것을 향해 가다)'의 뜻이므로 의미가 통하지 않는다.

07 A: Do you think Raymond will drop out of school?

B: I'm afraid_____ .

(A) he'll be possible

(B) it's quite possible

(C) it is more possible

(D) it's as possible

that절. 부정사, 전명구 모두를 취하는 형용사 afraid. (B) (that) it's quite possible (for him to drop out of school). (A) it is possible for him to drop out of school이면 맞는 문장이다.

08 It's still not_____ that the meeting will go ahead as planned.

(A) sure   (B) definitive

(C) certain   (D) doubtless

(E) positive

certain이 that절을 취하는 용법. (A) 사람을 주어로 쓴다. (B), (E) 한정적 용법으로 쓴다. (D) whether (if) 절을 보어로 취한다.

09 It is _____ that you arrive on time; if you are late, you will not succeed.

(A) vile   (B) virtue

(C) vicious   (D) vital

vital이 that절을 취하는 용법. (A), (C) 부정사를 취하는 형용사이다.

10 I don't think that your coat is_____ .

(A) worthy to buy   (B) worth the price

(C) worthy the price   (D) worth to buy

worth가 명사를 취하는 용법. worth는 명사를, worthy는 「전명구(of + 명사)」를 보어로 취하는 형용사이다.

11 A: I had to pay ten dollars for this book.

B: It's probably —————— .

(A) worthy it   (B) worth them

(C) worth it   (D) worthy them

worth가 명사를 취하는 용법.
worth는 명사를, worthy는 「of +
명사」를 보어로 취한다. 하나로
취급하는 일정한 가격(ten dollars)
은 it로 받는다.

12 The university requires all its agricultural students to gain

—————— experience by working on farms.

(A) working   (B) practical

(C) utilitarian   (D) technical

practical(실용적인). 현장실습은
실제적 실용적 지식을 얻기 위한
것이다. (C) 공리적. (D) 기술적.
《그 대학은 그 학교의 모든 농업
과 학생들이 농장에서의 활동을
통해 실용적인 경험을 얻도록 요
구하고 있다.》

13 I was nearly stone-broke then; I had to keep body and soul

together somehow with the greatest difficulty —————— .

(A) imaginative   (B) imagining

(C) imaginable   (D) imaginary

(E) imagery

imaginable(상상할 수 있는). 「최
상급 + 명사」를 수식할 수 있는
형용사는 -able 형이다. (A) 상상
력이 풍부한 (B) 상상하는 (D) 공
상의 (E) 심상

14 The baby's talking was hardly —————— except to

its mother.

(A) intellective   (B) intelligent

(C) intelligible   (D) intellectual

intelligible(이해할 수 있는). 아기
엄마만이 알아들을 수 있다는 내
용이다. (A) 이지적인 (B) 총명한
(D) 지적인

15 To be —————— , be accurate.

(A) credible   (B) credential

(C) credulous   (D) creditor

credible = trustworthy(믿을만한).
(B) 신임하는 (C) 곧잘 속는 (D) 채
권자. 《남에게 믿음을 얻으려면,
정확하게 행동해야 한다.》

16 A person who is rich in imagination is an —————— man.

(A) imaginary   (B) imaginable

(C) imaginative   (D) imagined

imaginative(상상력이 풍부한). (A)
가공의 (B) 상상할 수 있는 (D) 상
상이 되는

17 He is too —————— to try to deceive you.

(A) illiterate   (B) ingenious

(C) ingenuous   (D) gratuitous

ingenuous = innocent(순진한).
(A) 무식한 (B) 재주 있는 (D) 무료
의

18 As a result of the strike the, Government is urging people to be with _____ electricity.

(A) economic   (B) extravagant

(C) improvident   (D) economical

economical(절약하는). (A) 경제의 (B) 낭비하는 (C) 헤픈

19 People who easily believe without sufficient evidence are _____ .

(A) credible   (B) credulous

(C) creditable   (D) confident

credulous = gullible(곧잘 속는). (A) 믿을만한 (C) 평판이 좋은 (D) 자신 있는. 《충분한 증거 없이 쉽게 남을 믿는 사람들은 속기가 쉽다.》

20 Children do not have _____ time to practice what they learn at school.

(A) many   (B) some

(C) very   (D) much

time은 불가산명사이므로 much에 의해 수식을 받는다. 이 문장은 부정문이므로 some은 any로 바뀌어야 한다.

유형 **2** 틀린 곳 찾기

It is <u>the most interested</u> movie <u>that</u> I've <u>ever seen</u> <u>so far.</u>
    (A)   (B)   (C)   (D)

movie는 사물이므로 interesting을 써야 한다. 답 B

---

01 Crabs <u>eat</u> coconut, fish eat <u>alive</u> coral, and rats <u>live in</u>
   (A)   (B)   (C)

the <u>tops</u> of all trees.
  (D)

(B) 불가산명사 coral(산호)을 수식하는 전치 한정형용사가 필요하므로 서술 형용사로만 쓰이는 alive는 올 수 없다.

02 You <u>will have to</u> wait <u>more three months</u> for <u>delivery</u> of
    (A)   (B)   (C)

<u>the</u> new car.
(D)

수사와 성질 형용사의 어순. (B) more는 한정형용사 many의 비교급으로 쓰인 것이 아니라, '이상의, 여분의' 라는 의미로 쓰인 성질 형용사이다.

03 Since power <u>with</u> words is a mark of <u>success</u> people,
            (A)   (B)

provision is made for <u>increasing</u> your vocabulary <u>on</u>
                    (C)   (D)

a systematic basis.

한정적 용법으로 사용된 successful. (B) 명사 people의 앞 자리이므로 형용사가 와야 한다.

04 <u>Both</u> as a hobby and as a profession, photography
   (A)

<u>has fascinated</u> people <u>for more than</u> <u>hundred</u> years.
    (B)   (C)   (D)

수사 hundred는 '정해진 수'를 표현할 때는 형용사(eg. five hundred years)로, '수백'을 표현할 때는 복수명사(eg. hundreds of years)로 쓰인다.

05 Begin <u>had hoped</u> to meet <u>with</u> Reagan on his visit,
       (A)   (B)

and his aides allowed five virtually <u>free days</u> on his
                           (C)

schedule so that he could have flown to California if

the <u>President-elect</u> had invited <u>him</u>.
      (D)   (E)

수사(five)는 성질 형용사(free) 바로 앞에 위치한다. 《베긴이 미국 방문길에 레이건을 만나고 싶어 했으므로, 보좌관들은 대통령 당선자(레이건)가 초대하면 캘리포니아로 날아가 만날 수 있도록 일정에 실질적으로 5일 간의 여유를 두었다.》

06 The more I <u>read of</u> Jane Austen, <u>the more</u> I am convinced
            (A)   (B)

<u>of</u> she is one of our greatest <u>masters of social comedy</u>.
(C)   (D)

that절을 취하는 convinced. 「be convince of + 명사 = be convinced that절」(~에 대해서 확신하다). (C) 뒤가 절이므로 of 대신 that을 써야 한다.

07 <u>I think it sorry</u> that my best friend <u>could not</u> <u>pass</u>
        (A)   (B)   (C)

<u>the entrance exam</u>.
     (D)

sorry가 that절을 취하는 용법. sorry는 사람을 주어로 하며 that절이나 부정사를 보어로 쓴다.

08 For several <u>reason</u>, we are <u>opposed</u> to your idea.
  (A)   (B)   (C)   (D)

several은 여러 개를 의미하는 복수명사가 뒤에 나온다. (B) → reasons.

09 The president's <u>blindly</u> objection <u>to</u> any <u>idears</u> appears
              (A)   (B)   (C)

to come from his prejudice <u>against</u> women.
                       (D)

명사 objection을 수식하는 것은 형용사가 되어야 한다. (→ blind)

10 They are <u>surprised</u> to hear that her skills <u>are</u> improving
             (A)   (B)

with <u>each</u> <u>lessons</u>.
   (C)   (D)

each 뒤에는 단수명사가 나온다는 사실에 주의한다. (→ lesson)

11 <u>Most</u> <u>economical</u> development in the last <u>several</u> years
  (A)   (B)   (C)

<u>took place</u> in Korea.
   (D)

economical(절약하는, 경제적인)
economic(경제의, 경제에 관한)
(B) → economic.

12 Many <u>successive</u> CEOs usually <u>have</u> <u>their</u> own <u>ideas</u>.
       (A)   (B) (C)   (D)

successive(계속적인, 연속적인)
successful(성공적인)
(A) → successful.

유형 **1** 문장완성

1 ⑪   2 ⑪   3 ⓒ   4 ⑧   5 ⓒ   6 ⓐ   7 ⑧   8 ⓒ   9 ⑪   10 ⑧   11 ⓒ   12 ⑧   13 ⓒ
14 ⓒ   15 ⓐ   16 ⓒ   17 ⓒ   18 ⑪   19 ⑧   20 ⑪

유형 **2** 틀린 곳 찾기

1 ⑧   2 ⑧   3 ⑧   4 ⑪   5 ⓒ   6 ⓒ   7 ⓐ   8 ⑪   9 ⓐ   10 ⑪   11 ⑧   12 ⓐ

주로 동사 · 형용사 · 다른 부사를 수식하는 말을 부사라고 한다.

Step 09 :: 부사의 형태와 역할

01_ 부사의 형태

형용사의 어미에 -ly를 붙여서 만드는데, 어미가 약간 변하는 경우가 있다.

❶ 자음 + y로 끝나면 y를 i로 고치고 -ly를 붙인다
- frank → frankly (솔직하게)
- easy → easily (쉽게)
- happy → happily (행복하게)

❷ -e로 끝나는 형용사는 e를 빼고 -ly를 붙인다
- true → truly (진실하게)

❸ -ic로 끝나는 형용사는 -ally를 붙인다
- basic → basically (기본적으로)
- technic → technically (기술적으로)

02_ 형용사와 동형인 부사

- hard : (형) 열심히 일하는 (부) 열심히
- late : (형) 늦은 (부) 늦게
- high : (형) 높은 (부) 높이, 높게
- long : (형) 긴 (부) 오래
- early : (형) 일찍 일어나는, 이른 (부) 일찍

▶ This flower blooms in <u>early</u> spring.
→ 이 꽃은 이른 봄에 핀다.

▶ Mary gets up <u>early</u> in the morning.
→ 메리는 아침에 일찍 일어난다.

03_ 형용사와 동일한 부사에 -ly가 붙는 경우
뜻이 달라지는 것에 주의한다.

- hard : (부) 열심히
- late : (부) 늦게
- high : (부) 높게
- pretty : (부) 상당히
- near : (부) 근처에

- hardly : (부) 거의 ~않다
- lately : (부) 최근에
- highly : (부) 매우 (= very)
- prettily : (부) 예쁘게
- nearly : (부) 가까스로

▶ He arrived here <u>late</u>.
→ 그는 이곳에 늦게 도착했다.

▶ I haven't seen him <u>lately</u>.
→ 나는 최근에 그를 만난 적이 없다.

▶ He works <u>hard</u> to support his family
→ 그는 가족을 부양하기 위해 열심히 일한나.

▶ I can <u>hardly</u> believe it.
→ 나는 그것을 거의 믿을 수 없다.

04_ 부사의 역할
주로 동사, 형용사, 다른 부사를 수식하지만 명사나 대명사, 부사구, 부사절도 수식.

▶ He looks at the clock and gets up <u>quickly</u>.
→ 그는 시계를 바라보고 급히 일어난다. (동사 수식)

▶ There are too many people for <u>only</u> one bus.
→ 버스 단 한 대를 이용하기에는 너무 사람이 많았다. (형용사 수식)

05_ 접속부사

- therefore : 그러므로
- so : 그래서
- moreover : 더욱이
- nevertheless : 그럼에도 불구하고
- accordingly : 따라서
- however : 그러나
- consequently : 결과적으로

▶ I've never seen her; <u>therefore</u> I don't know much about her.

→ 나는 그녀를 만난 적이 없다. 그러므로 그녀에 대해서 잘 모른다.

06_ 문장 전체를 수식하는 부사

- 흔히 문장의 맨 앞에 오는 경우가 많으며 「It is + 형용사 + that...」 구문으로 바꿔 쓸 수 있다.
- happily, wisely, probably, naturally, frankly... 등이 있다.

▶ <u>Naturally</u> he got angry.

= It was natural that he got angry.

→ 그가 화를 내는 것은 당연했다.

▶ He <u>wisely</u> refused to accept the money.

= It was wise of him to refuse to accept the money.

→ 그가 그 돈 받기를 거절한 것은 현명했다.

▶ <u>Luckily</u> he did not die.

→ 다행이도 그는 죽지 않았다.

빈도부사의 위치

■ 빈도부사의 종류

• always	• usually	• generally
• often	• sometimes	• seldom
• hardly	• never	

② 빈도부사 + 일반 동사

▶ I <u>sometimes take</u> a walk with my dog.

→ 나는 가끔 개와 함께 산책을 한다.

▶ Jane is <u>never late</u> for school.

→ 제인은 결코 지각하지 않는다.

▶ I could <u>hardly make</u> out what he said.

→ 나는 그가 말한 것을 좀처럼 이해할 수가 없다.

cf. enough 가 부사로 사용되면 수식하는 말 뒤에 온다.

▶ Life isn't long <u>enough</u> for love and art.

→ 인생은 사랑도 하고 예술도 할 만큼 길지 않다.

③ be동사, 조동사 + 빈도부사

▶ He <u>is often</u> late school.

→ 그는 종종 학교에 지각한다.

▶ I <u>could hardly</u> understand what the teacher said.

→ 나는 선생님이 말씀하시는 것을 거의 이해할 수 없었다.

Step 10 :: 주의해야 할 부사

01_ 부분 부정

always	quite	entirely	necessarily	
altogether	fully	wholly		**+ not, never**

▶ Smart students do <u>not always</u> become good teachers.

→ 머리 좋은 학생이 항상 훌륭한 교사가 되는 것은 아니다.

02_ 약한 부정어

• hardly   • scarcely   • rarely

- seldom   • little   • few

▶ His father <u>seldom</u> goes out.

→ 그의 아버지는 거의 외출을 하지 않으신다.

▶ We <u>rarely</u> see him nowadays.

→ 우리는 그를 요즈음 거의 보지 못한다.

03_ very · much

1 very : 형용사 · 부사의 원급, 현재 분사를 수식.

▶ Mary can play the piano <u>very well</u>.

→ 메리는 피아노를 대단히 잘 친다.

▶ The story is <u>very interesting</u>.

→ 그 이야기는 대단히 재미있다.

2 much : 형용사 · 부사의 비교급 · 최상급, 그리고 과거 분사를 수식.

▶ Mary can play the piano <u>much better</u> than I.

→ 메리는 나보다 피아노를 훨씬 잘 친다.

▶ She was <u>much offended</u> by the question.

→ 그녀는 그 질문으로 몹시 기분이 상했다.

04_ ago · before · since

1 ago : 현재를 기준으로 해서 '~전'의 뜻(과거시제에 사용)

▶ I <u>saw</u> him two days <u>ago</u>.

→ 나는 2일 전에 그를 보았다.

2 before : 과거를 기준으로 해서 '~전'의 뜻(과거완료에 사용)

▶ She said she <u>had seen</u> him two days <u>before</u>.

→ 그녀는 이틀 전에 그를 보았었다고 말했다.

3 since : ~때 이래로 죽(완료시제에 사용)

▶ I <u>have</u> never <u>seen</u> him ever <u>since</u>.

→ 나는 그 때 이래로 죽 그를 만나지 못했다.

05_ too · either · already · yet · still · enough

1 too : 또한, 역시(긍정문)/ 형용사나 부사 앞에서 형용사나 부사 수식.

▶ If you go, I will go, <u>too</u>.

→ 만약에 네가 간다면 나도 역시 가겠다.

▶ He is <u>too kind</u> to reject their requests.

→ 그는 너무 친절하여 그들의 요구를 거절하지 못한다.

2 either : 역시 ~않다(부정문)

▶ I don't know the fact <u>either</u>.   → 나 역시 그 사실을 모른다.

3 already : 이미, 벌써(긍정문)/ 의문문

▶ I have <u>already</u> read the novel.

→ 나는 벌써 그 소설을 읽었다.

▶ Have you <u>already</u> finished your assignment?

→ 너는 벌써 숙제를 끝냈니?

4 yet : 아직, 벌써(부정문 · 의문문)

▶ I haven't finished the work <u>yet</u>.   → 나는 아직 그 일을 끝내지 않았다.

▶ Has she come to school <u>yet</u>?   → 그녀가 벌써 학교에 왔니?

5 still : 아직도(긍정문 · 의문문)

▶ He is <u>still</u> doing his work.   → 그는 아직도 일을 하고 있다.

▶ Do you <u>still</u> see him?   → 너는 아직도 그를 만나니?

6 enough : 형용사나 부사의 뒤에서 형용사와 부사 수식.

▶ She is wise <u>enough</u> to learn English.

→ 그녀는 영어를 배울 만큼 충분히 영리하다.

실 전 문 제

유형 **1** 문장완성

Treat this＿＿＿＿ because it's fragile.
(A) care   (B) careful
(C) carefully   (D) career

동사를 수식하는 부사가 와야
한다. 冒 C

01 A: Do you want Ms. Baker to pay for the call?
    B: No, I want her to call＿＿＿＿ .
    (A) collectly   (B) collect
    (C) collective   (D) collectively
    (E) collecting

'형용사 = 부사'인 collect. (B)
call collect(수신자 부담으로 전화
를 하다).

02 The marines attacked the south beach at daybreak;
    ＿＿＿＿ , as a diversionary maneuver, a company
    landed on the north side of the island.
    (A) simultaneously
    (B) subsequently
    (C) previously
    (D) at noon

접속부사 simultaneously의 용법.
semicolon(;)이 접속사 대신 쓰였
으므로 빈 칸에는 두 문장을 이어
주는 접속부사가 와야 한다. (B),
(C) 문맥상 모순. (D) 시간부사어.
《동이 틀 무렵에 해병대가 남쪽
해안을 공격하기 시작했고, 이와
때를 맞춰 양동작전으로 한 보병
중대가 섬의 북쪽 해안에 상륙했
다.》

03 How＿＿＿＿ can I have it ready?
    (A) quickly   (B) soon
    (C) rapidly   (D) fast

soon(곧)은 시간부사, quickly,
rapidly, fast(빠르게)는 방법부사
이다. 빠르기가 아닌 시간을 묻는
문맥이다.

04 A: Did John always answer correctly?
    B: Yes, he's almost＿＿＿＿ right.
    (A) rarely   (B) ever
    (C) always   (D) usually

빈도부사 always의 위치는 본동사
앞, be동사 뒤다. almost는 always의
정도를 수식하는 부사이므로 바로 앞
에 놓인다. (B) ever는 '언제나, 항상'
의 뜻으로 옛 시에 주로 쓰인다. 즉
always가 더 일반적이다. (E) usually
는 예외를 배제할 수 없으므로
almost의 수식을 받지 못한다.

05 Asia _____ by most experts to be the cradle of human civilization.

(A) has always been considered

(B) has been always considered

(C) always has been considered

(D) has been considered always

빈도부사 always의 위치는 본동사 앞 조동사 뒤. 조동사가 둘 이상일 때는 첫 번째 조동사 뒤(has always been)에 온다. 《아시아는 대부분의 전문가들이 인류 문명의 요람이라고 생각해 왔던 곳이다.》

06 There _____ any need to feel a stranger in Korea when you equip yourself with Korea Guide '91.

(A) never will be   (B) will never be

(C) never be will   (D) will be never

부정부사 never의 위치는 본동사 앞(will never be)이다.

07 A: Your dress is marvelous, Helen.

B: Yes, but it doesn't fit me around the neck _____ right.

(A) quite   (B) almost

(C) nearly   (D) rather

정도부사 quite는 수식하는 말(right) 바로 앞에 온다. (A) fit me quite tight(내게 아주 잘 맞다).

08 I know he has usually worked well but _____ I must punish him on this occasion.

(A) all the more

(B) still less

(C) nonetheless

(D) much more

양보의 접속부사어 nonetheless의 용법. 빈 곳은 접속부사 자리이고, 문맥상 '양보' 의 내용이 와야 한다. 《그가 항상 열심히 일해 왔다는 것은 알지만, 이번에는 그를 치벌해야만 한다.》

09 Charles Brown, famous for his Maine post, _____ .

(A) is best know   (B) is best knew

(C) is known best   (D) is best known

best는 의미상 known을 직접 수식하므로 known 바로 앞에 와야 한다.

10 A: How does he behave?

B: He behaves himself _____ .

(A) well   (B) good

(C) nice   (D) kind

방법부사 well의 위치 문제. (A) behave himself well(잘 처신하다). (B), (C), (D) 모두 형용사이다.

11 A: Is it time for the game to begin _____ ?

B: No, not_____ .

(A) already, yet   (B) yet, yet

(C) already, already   (D) yet, already

긍정의문문에서 '벌써' 라는 표현은 already나 yet이, 부정문에서 '아직' 이라는 표현은 yet이 쓰인다. 긍정의문문에서 yet은 보통 물음을, already는 놀람, 미심쩍음을 나타낸다.

12 Although it had been explained to him several times, he _____ could not see what the problem was.

(A) yet   (B) no longer

(C) always   (D) still

yet이 완료되지 않은 상황을 표시하는데 반해 still은 원래 상황·상태의 계속·유지를 의미한다. (B) not과 함께 쓰이지 않는다. (C) 본동사 앞에 와야 한다.

13 A: Let's take a walk before the English class starts.

B: Oh, I think it's _____ for walking.

(A) very much heat   (B) too much hot

(C) too much heat   (D) much too hot

구를 수식하는 much. too는 정도부사로 수식하는 말 바로 앞에 오고, much는 too hot의 정도를 나타내므로 too hot 앞에 와야 한다.

14 A: Do you need more water in the pan?

B: No, it's_____ .

(A) full already enough

(B) enough full already

(C) already full enough

(D) full quite

already는 be 동사 뒤나 본동사 앞, 또는 문장의 끝에 놓인다. enough는 형용사(full) 뒤에 놓인다. (A) already full enough이면 정답. (B) full enough already로 고쳐야 한다. (D) quite full로 고쳐야 한다.

15 A: Where does John work?

B: _____ .

(A) Still he works here

(B) He still works here

(C) He works still here

(D) He works here still

상태나 동작의 '계속' 을 나타내는 still이 평서문에 쓰이면 본동사 앞에 와야 한다.

16 A: Are you going to the foot ball game?

B: No. The ticket is _____ expensive for me.

(A) very much   (B) so much

(C) far too   (D) a lot of

주의해야 할 부사 too의 용법 중 부정사가 생략된 경우이다. (C) 티켓이 너무 비싸 살 수가 없다는 내용이므로 too∼to(너무 ∼해서 ∼할 수 없다) 구문이 요구된다. (C) The ticket is far too expensive for me (to buy).

He ie <u>very</u> <u>young</u> <u>that</u> he <u>can't watch the movie.</u>
     (A)   (B)   (C)   (D)

「so ~ that ~」 구문이므로 very를 so로 고친다. 📖 A

---

01 This is the best book on <u>physical fitness</u> I have <u>ever</u> read.
                       (A)   (B)

It will <u>enable you</u> to find out what your <u>condition is</u>
        (C)   (D)

<u>rightly</u> now.
  (E)

right는 「형용사 + ly」형과 「형용사 = 부사」형을 다 쓰나 의미는 다르다. (E) 의미상 rightly(정확하게)가 아니라 right(바로)를 써야 한다. 《이 책은 내가 읽은 신체 건강에 관한 것 중 가장 좋은 책이다. 이 책은 바로 지금 당신의 건강상태를 진단해 줄 것이다.》

---

02 Our player <u>ran fastly</u> and <u>took out the player</u> of
             (A)   (B)

<u>the opposing team</u> before he could tackle <u>our runner.</u>
      (C)   (D)

「형용사 = 부사」인 fast는 부사로 쓸 경우 -ly를 붙이지 않는다. (B) take out(젖히고 앞으로 나아가다).

---

03 <u>No matter how</u> hard he is working, he <u>will</u> <u>insist on</u>
        (A)   (B)   (C)

the principle as <u>hardly</u> as he can.
            (D)

부사 hard와 hardly의 구별. hard(열심히, 몹시, 굳게). hardly(거의 ~않다, 조금도 ~하지 않다). (D) 동사 insist의 방법을 밀해주는 양태부사 사리이나.

---

04 The diamond <u>cutting</u> process is an <u>extreme</u> complicated
             (A)   (B)

and <u>precise</u> <u>one.</u>
    (C)   (D)

「형용사 + ly」형 부사 extremely. (B) 형용사(complicated) 앞자리이므로 부사 자리이다.

---

05 This vase has <u>the same</u> design, but it is <u>different</u>
             (A)   (B)

<u>shaped</u> <u>from</u> that one.
  (C)   (D)

(B) 형용사인 shaped의 앞자리는 부사 자리이다. It is differently shaped from that one. = It is shaped differently from that one.

06 Among her icy snow men, snow bears, and snow doll's
                                        (A)

house in the white garden, the small girl tracks around on

her incredible gorgeous snowshoes.
    (B)   (C)   (D)

형용사 gorgeous를 수식하는 부사 incredibly. 형용사 incredible은 -ly를 붙여 부사를 만든다. 《눈 덮인 하얀 정원에서 자기가 만든 눈사람과 눈으로 만든 곰과 인형의 집 사이로 작은 소녀는 무척이나 화려한 눈 신으로 여기저기 발자국을 남기고 있다.》

07 Without a reliable source of priced reasonably electricity,
            (A)   (B)   (C)

it would be practically impossible to maintain a healthy
              (D)

economy.

형용사의 정도나 양태를 나타내는 부사(reasonably)는 항상 형용사 바로 앞에 놓인다.

08 Excessive stress sometime causes the disc of a spinal
                    (A)   (B)

vertebra to press on a nerve.
          (C)   (D)

빈도부사 sometimes의 위치. (A) sometime(후일 언젠가) → sometimes (가끔)

09 The president has not decided how to cope with the
              (A)   (B)   (C)

new problems already.
                (D)

already, yet, still 중 부정문의 문미에 올 수 있는 것은 yet 뿐이다.

10 Marble has been a preferred stone for decorative work
                      (A)   (B)

in buildings from very earliest ages.
                  (C)   (D)

「a very + 원급」, 「the very + 최상급」 수식 용법. (C) very는 the 있어야 최상급을 수식할 수 있다. very를 삭제한다면 최상급 앞에 the만 쓰면 된다.

11 Mr. Smith did not get up until eight-thirty that morning,
            (A)   (B)   (C)

and he arrived at the meeting late too much.
                                    (D)

주의해야 할 부사 too와 much의 어순 문제. (D) too는 정도부사로 수식하는 말인 late 바로 앞에 오고, much는 too late의 정도를 나타내므로 too late 앞에 와야 한다.

12 No inventor has <u>already</u> built a <u>musical</u> instrument to
                (A)   (B)

<u>match</u> the ingenious flexibility of the human vocal
(C)

tract, with its rubbery, <u>marvelously</u> mobile walls.
                        (D)

'미완료' 를 나타내는 부사 yet의 용법. (A) 문두의 no로 보아 부정문에 쓰이는 부사 yet이 요구된다. 《어떤 발명가도 탄력 있고 경이로운 유동벽으로 된 인간 성대의 정교한 유연성과 견줄만한 악기를 아직 만들어내지 못했다.》

13 I <u>would</u> appreciate it <u>if</u> you could <u>send</u> the bag as <u>quick</u>
   (A)   (B)   (C)   (D)

as possible.

'가능한 빠르게' 라는 의미로 형용사 possible은 부사 quickly를 수식한다. (D) → quickly.

14 English is his <u>first</u> language, <u>but</u> he <u>also</u> speaks German
             (A)   (B)   (C)

and Japanese <u>fluent</u>.
             (D)

동사 speaks를 수식할 수 있는 것은 부사 fluently이다.
(D) → fluently.

유형 **1** 문장완성

1 ⑧ 2 ⓐ 3 ⑧ 4 ⓒ 5 ⓐ 6 ⑧ 7 ⓐ 8 ⓒ 9 ⓓ 10 ⓐ 11 ⓐ 12 ⓓ 13 ⓓ
14 ⓒ 15 ⑧ 16 ⓒ

유형 **2** 틀린 곳 찾기

1 ⑥ 2 ⓐ 3 ⓓ 4 ⑧ 5 ⑧ 6 ⑧ 7 ⓒ 8 ⓐ 9 ⓓ 10 ⓒ 11 ⓓ 12 ⓐ 13 ⓓ
14 ⓓ

PREPOSITION 전치사 06

- 명사나 대명사 앞에서 그 명사나 대명사와 다른 말과의 관계를 나타내 주는 말.
- 하나의 전치사가 여러 가지 뜻으로 사용될 때 주의한다.

Step 11 :: 전치사의 목적어

원칙적으로 명사 · 대명사 · 동명사가 목적어가 되는데 명사구 · 명사절 등이 목적어가 되는 경우도 있다.

▶ The cause <u>of malnutrition</u> is a lack of essential nutrients.

→ 영양실조의 원인은 필수영양소의 부족이다.

(명사가 목적어)

▶ He goes to church <u>with her</u>.

→ 그는 그녀와 함께 교회에 간다.

(대명사 목적어)

▶ I was interested <u>in making</u> dolls.

→ 나는 인형 만드는 데에 흥미가 있다.

(동명사 목적어)

▶ Civil conflict characterized much <u>of Asia in the mid-twentieth century</u>.

→ 시민 갈등은 20세기 중반의 아시아의 상당 부분을 특징짓고 있다.

(명사구가 목적어)

▶ Physical health has a definite effective <u>on how people cope with emotional cries</u>.

→ 육체 건강은 어떻게 사람들이 감정적 욕구에 대처하느냐에 한정적으로 영향을 준다.

(명사절이 목적어)

Step 12 :: 전치사의 의미

01_ at

① 시간 : ~에 (시각, 정오 등 시간의 한 점)
② 장소 : ~에서 (비교적 좁은 장소)
③ 속도 : ~의 속도로
④ 가치 : ~의 값으로
⑤ 원인 : ~을 보고, 듣고
⑥ 방향 : ~을 향해서

▶ The result will be given out <u>at noon</u>.
→ 결과는 정오에 발표될 것이다.
▶ He arrived at the station <u>at ten</u>.
→ 그는 10시에 정거장에 도착했다.

02_ in

① 시간 : ~에, ~사이에(달, 계절, 연도 등 비교적 긴 기간)
② 장소 : ~곳에(도시, 나라 등 비교적 넓은 장소)
③ 시간의 경과 : ~지나서
④ 상태·상황 :   착용하고 있는, ~상황에 있는

▶ Our school is at Myoung-dong <u>in Seoul</u>.
→ 우리 학교는 서울 명동에 있다.
▶ Flowers bloom <u>in spring</u>.
→ 봄에는 꽃들이 핀다.

03_ on

① 장소 : ~위에(접촉된)
② 시간 : ~에(날짜, 요일, 특정한 날)
③ 목적 : ~하기 위해(특히 여행의 목적)

④ 관련 : ~에 관하여(연구 · 논문의 주제에 사용되어)

▶ I saw some files walking <u>on the ceiling</u>.

→ 몇 마리의 파리가 천장 위로 기어가는 것을 보았다.

▶ The examination begins <u>on February 24</u>.

→ 시험은 2월 24일에 시작된다.

04_ by

① 장소 : ~의 곁에(= beside)
② 시간 : ~까지
③ 수단 · 원인 : ~에 의하여, ~의 결과로
④ 단위 : ~을 단위로 하여

▶ He lives in a house <u>by the river</u>.

→ 그는 강가의 집에서 살고 있다.

▶ He likes to travel <u>by sea</u>.

→ 그는 배로 여행하기를 좋아한다.

05_ for

① 목적 · 용도 : ~을 위하여, ~용의
② 방향 : ~을 향하여
③ 기간 : ~동안에
④ 이유 · 근거 : ~에 대한
⑤ 비교 : ~를 비교해 볼 때(= considering)
⑥ 찬성 · 지지 : ~에 찬성하여

▶ Smoking is bad <u>for your health</u>.

→ 흡연은 건강을 위해서는 좋지 않다.

▶ There can be no cause <u>for complaint</u>.

→ 불평할 이유는 있을 수 없다.

TIP...

for와 to의 차이

① for는 단지 행선지, 방향만을 가리킨다.

▶ She left Seoul for New York. → 그녀는 뉴욕을 향해서 서울을 떠났다.

② to는 목적지, 도착점까지가 포함된 표현이다.

▶ She went to Paris to study art. → 그녀는 미술을 공부하려고 파리에 갔다.

06_ of

① 시간 · 거리 : ~에서부터, ~에서 떨어진
② 재료 · 원인 : ~으로 만들어진
③ 원인 · 이유 : ~으로 인해서
④ 동격 : ~이라는, ~과 같은
⑤ 소유 · 소격 : ~의 , ~에 속하는

▶ Ireland lies west of England.

→ 아일랜드는 영국의 서쪽에 있다. (거리)

▶ Everybody knows the fact of your meeting him.

→ 모든 사람들이 네가 그를 만난 사실을 알고 있다. (동격)

▶ He did it of his own will.

→ 그는 자신의 자유의사로 그 일을 했다. (원인, 이유)

TIP...

be made of와 be made from의 차이

① be made of : 재료가 성질의 변화 없이 제품이 될 때

▶ The box is made of wood.

→ 저 상자는 나무로 만들어져 있다. (기계적 변화)

② be made from : 재료의 성질이 변화해서 제품이 될 때

▶ Wine is made from grapes.

→ 술은 포도로 만들어진다. (화학적 변화)

07_ from

① 시간 : ~로부터, ~이래로
② 장소 : ~곳으로부터, ~출신의
③ 원인·동기 : ~에서, ~때문에
④ 구별 : ~으로부터, ~과는 달리

▶ Where do you come from?
→ 당신은 어디 출신입니까? (장소)
▶ He suffered from headache.
→ 그는 두통으로 고생을 했다. (원인)

08_ to

① 방향 : ~으로, ~까지
② 결과·효과 : ~한 것은, 결과 ~가 되다
③ 적합·일치 : ~에 맞게, ~에 맞추어
④ 비교 : ~에 비하여, ~보다

▶ He got to Busan late in the afternoon.
→ 그는 오후 늦게 부산에 도착했다.
▶ To my surprise he emigrated to Brazil.
→ 놀랍게도 그는 브라질로 이민갔다.
▶ He's quite rich now to what he used to be.
→ 그는 예전에 비하면 지금은 대단한 부자이다.
▶ The suit was made to order.
→ 이 양복은 맞춤옷이다.

09_ with

① 동반 : ~와 함께, ~와 관련된
② 도구 : ~을 가지고, ~을 사용하여
③ 부대상황 : ~하는 상태로

▶ How long have you been <u>with</u> the company?

→ 그 회사에 근무한 지 얼마나 됩니까?

▶ Don't speak <u>with</u> your mouth full.

→ 입에 음식물을 넣은 상태로 말하지 말라.

10_ over · above

❶ over : ~바로 위에, ~을 지배하여, ~을 넘어서

▶ There is a long bridge <u>over</u> the river.

→ 강 위에 긴 다리가 있다.

❷ above : ~보다 더 위에, ~보다 더 좋은, (능력이) 미치지 못하는

▶ The sun rose <u>above</u> the horizon.

→ 태양이 수평선 위로 떠올랐다.

11_ under · below

❶ under : ~의 바로 아래, ~중인(비유적으로) ⇔ **over**

▶ The boat is going <u>under the bridge</u>.

→ 그 배는 디리 아래를 지나고 있는 중이다.

❷ below : ~보다 더 아래쪽에 ⇔ **above**

▶ The sun set <u>below the horizon</u>.

→ 태양은 수평선 아래로 떨어졌다.

12_ between · among

❶ between : ~의 사이에(둘 사이에 적용)

▶ There is a big river <u>between</u> the two cities.

→ 그 두 도시 사이에 큰 강이 있다.

2 **among** : ~의 사이에(셋 이상에 적용)

▶ Birds are singing <u>among</u> the trees.

→ 새들이 나무 사이에서 지저귀고 있다.

13_ across · through · along · around

1 **across** : ~을 가로질러서

▶ He ran <u>across</u> the railroad.

→ 그는 철도를 가로질러 뛰어갔다.

2 **through** : ~을 통과해서, ~을 통해서

▶ The train ran <u>through</u> the tunnel.

→ 그 기차는 터널을 통과해서 달렸다.

3 **along** : ~을 따라서

▶ The bus is running <u>along</u> the railroad.

→ 그 버스는 철도를 따라서 달리고 있다.

4 **around** : ~의 둘레에, ~을 돌아서

▶ The taxi ran <u>around</u> the hill.

→ 그 택시는 언덕을 돌아서 달렸다.

14_ except · except for · besides

1 **except** : ~을 제외하고

▶ Everybody <u>except</u> the teacher was glad.

→ 선생님을 제외한 모든 사람들이 기뻐했다.

2 **except for** : ~을 제외하고(다른 성질의 비교)

▶ It is useful book <u>except for</u> a few mistakes.

→ 몇 가지 잘못을 제외하면 그것은 유용한 책이다.

❸ besides : ~뿐만 아니라

▶ Everybody <u>besides</u> the teacher was glad.

→ 선생님뿐만 아니라 모든 사람들이 기뻐했다.

TIP...

일반적으로 but은 except와 같은 경우로, but for는 except for와 같은 경우로 사용된다.

Step 13 :: 전치사구

01_ 복합 전치사

- according to : ~에 따르면
- except for : ~을 제외하고
- out of : ~로 부터
- in addition to : ~이외에
- prior to : ~이전에
- instead of : ~대신에
- due to : ~때문에
- together with : ~와 함께
- aside from : ~는 별도로
- in favor of : ~을 찬성하여
- because of : ~때문에
- in spite of : ~에도 불구하고
- contrary to : ~와 반대로
- regardless of : ~에 관계없이
- in contrast to : ~와 대조적으로

02_ 구 동사

- agree with : ~에게 동의하다
- grow up : 성장하다
- prepare for : ~을 준비하다
- depend on : ~에 의존하다
- bring about : ~을 초래하다
- rely on : ~에 의존하다
- consist of : ~을 구성하다
- respond to : ~에 반응하다
- deal with : ~을 다루다
- keep on : ~을 계속하다
- approve of : ~을 승인하다
- refer to : ~을 언급하다
- differ from : ~와 다르다
- object to : ~에 반대하다
- point out : ~을 지적하다

03_ 형용사 + 전치사 구문

- associated with : ~과 어울리다
- interested in : ~에 흥미있는
- composed of : ~을 구성하는
- based on : ~에 기초한
- pleased with : ~에 기뻐하는
- capable of : ~을 할 수 있는
- equal to : ~에 상응하는

- common in (to) : ~과 공통적인
- aware of : ~을 알고 있다
- made (out) of : ~로 만들어진
- concerned with : ~과 관계있는
- satisfied with : ~에 만족한
- continue to : ~을 계속하다
- similar to : ~과 유사한

▶ Diabetes is associated with high blood sugar and altered protein metabolism.

→ 당뇨병은 높은 혈당량과 변화된 단백질 신진대사와 관계가 있다.

▶ The movie is based on a true story.

→ 그 영화는 실화에 근거한다.

04_ 빈출 전치사 용례

- reaction to : ~에 대한 반응
- problem with : ~에 대한 문제
- have access to : ~에 대한 사용
- distribute over : ~에 대한 분쟁
- keep track of : ~의 흐름을 놓치지 않다
- focus on : ~에 집중하다
- be comparable to : ~에 비유되는
- contribute to : ~에 기여하다
- be involved in : ~에 관련되다
- be consistent with : ~와 일치하다
- succeed in : ~에서 성공하다

- experience in : ~에 대한 경험
- tax on : ~에 부과되는 세금
- increase in : ~에 대한 증가
- in front of : ~앞에서
- be distributed to : ~에게 나누어주다
- on the phone : 전화상으로
- help with : ~을 돕다
- comply with : ~에 따르다
- stop by : ~에 들르다
- prior to : ~앞에
- check for : ~을 찾아내려고 점검하다

▶ He has access to the military base.

→ 그는 그 군사기지에 출입이 허가된다.

▶ To comply with company regulation, all personnel are required to submit the application from by Friday.

→ 회사 규정을 준수하려면, 전 사원들은 금요일까지 신청서를 제출하도록 되어 있다.

▶ He is involved in doubt.

→ 그는 의혹에 싸여 있다.

05_ 주의해야 할 전치사 구문

- deprive (rob, rid, relieve) A of B : A에게서 B를 제거하다
- inform (notify, remind) A of B : A에게 B를 알리다
- provide (supply, present) A with B : A에게 B를 제공하다
- ask (demand, require) A of B : B에게 A를 요구하다
- consider (think of, count) A as B : A를 B라고 생각하다
- refer (attribute, ascribe) A to B : A를 B의 탓으로 돌리다
- explain (introduce, announce) A to B :
  A를 B에게 설명/ 소개/ 발표하다
- bestow (impose, inflict) A on B :
  A를 B에게 주다/ 부과하다/ 피해를 입히다
- blame (punish, praise, thank) A for B :
  A를 B 때문에 비난하다/ 벌주다/ 칭찬하다/ 감사하다
- prevent [hinder, stop, dissuade] A from B :
  A가 B하지 못하도록 방해하다/ 못하게 하다/ 그만두게 하다/ 단념시키다

▶ He informed me of his father's death lastnight.

→ 그는 어제밤에 아버지가 돌아가셨다고 나에게 알렸다.

▶ Fastening a seat belt prevents us from dying from traffic accidents.

→ 안전벨트는 우리가 교통사로로 죽는 것을 예방한다.

▶ I consider him as the best baseball player.

→ 나는 그가 가장 훌륭한 야구선수라고 생각한다.

유형 **1** 문장완성

You have to turn in the book _____ Tuesday.

(A) on   (B) to

(C) until   (D) by

문맥상 완료의 의미를 가진 by가 적절하다. 답 D

---

01 It is basic to examine your values and make sure you are devoting the bulk of your energy _____ things you really care about.

(A) into   (B) to

(C) because of   (D) for

energy가 things로 이동한다는 비유에서 to가 사용된다. (B) be devoted to = devote oneself to 〔~에 헌신(전심전력)하다〕.

---

02 A: Where does he live?

B: He lives _____ 144 Wall Street.

(A) at   (B) in

(C) on   (D) by

(E) to

'한 지점'을 나타내는 전치사 at. 번지수가 한 점으로 비유되어 at이 사용되었다.

---

03 To feel satisfied with your work is to take pride _____ it.

(A) about   (B) in

(C) on   (D) with

work라는 공간 안에 pride가 존재한다는 의미에서 'in'이 쓰인다. (B) take pride in(~을 자랑으로 여기다).

---

04 A: Why didn't Kim join in the game?

B: He thinks he's _____ the rest of us.

(A) beside   (B) over

(C) up   (D) above

(E) with

'~보다 높은 곳에'를 나타내는 전치사 above의 비유적 사용. (D) be above(~보다 위다, 한 수 위다)

05 What would you do if you were _____ my place?

(A) on   (B) in

(C) for   (D) at

내 입장 안에 상대가 들어간다는 비유에서 in을 사용한다. in my place(내 입장에서).

06 I think I can help you only after I get _____ with this report first.

(A) through   (B) up

(C) along   (D) together

'관통'을 나타내는 through의 비유적 사용. (A) get through with(~을 끝까지 다 통과하다, 다 끝내다, 끝마치다).

07 He was riding _____ the crowded street.

(A) in   (B) on

(C) at   (D) for

(E) through

입체를 '가로질러, 관통하여'의 thro-ugh. (E) ride through(~를 통과하여 타고 가다).

08 Since there were no witnesses, no one was aware _____ he had said.

(A) which that   (B) of that

(C) of what   (D) that which

(E) from that

'언급·관계'를 나타내는 of의 비유적 사용. 주어와 he가 말한 내용을 알고 있다(불가분의 관계)는 의미에서 of가 사용된다. (C) beware of(~을 알고 있다). (B) said의 목적어도 겸할 수 있는 것은 관계대명사 'what'이다.

09 The welfare reform bill was segmented and then divided _____ three different subcommittees of the Congress.

(A) from   (B) with

(C) between   (D) among

'셋(이상) 사이'를 나타내는 among을 사용한다. 《그 복지개혁법안은 분할되어 의회의 세 분과 위원회에 배당되었다.》

10 A: How do you know John was angry?

B: I could tell _____ his face.

(A) for   (B) with

(C) to   (D) by

'바로 곁에' 표시 by가 인식(판단) 수단을 나타내는 비유적 표현. (D) by one's face(얼굴로, 얼굴에 의해서).

11 Mr. Lee _____ math throughout his college life.

(A) was bored to   (B) was bored of

(C) was bored by   (D) was bored with

'원인·이유'를 나타내는 전치사 with. (D) be bored with(물리다, 진절머리나다).

12 My son was blamed _____ being idle.

(A) with
(B) for
(C) by
(D) of

'원인 · 이유'를 나타내는 전치사 for. (B) be blamed for being idle(빈둥거리며 논다는 이유로 비난을 받다).

13 Would you like to go _____ a ride?

(A) with
(B) on
(C) in
(D) along
(E) for

'목적 · 목표'를 나타내는 전치사 for. (B) 놀이 공원에 놀이시설을 타러 가는 경우에는 정답이 될 수 있음에 유의할 것. (eg. Would you like to go on a rollercoaster ride?)

14 _____ the bad weather, they all went on a picnic.

(A) In spite
(B) Despite
(C) Even if
(D) Although

'양보'를 나타내는 전치사 despite. (B) despite the bad weather(나쁜 날씨에도 불구하고). (A) in spite of로 고쳐야 한다. (C), (D) 양보의 접속사이므로 절을 이끌어야 한다.

15 Regardless of _____ or facilities, a park is intended for the enjoyment of all.

(A) the location of it
(B) what location it has
(C) its location
(D) whether its location

'~에 관계없이'를 나타내는 regardless of. 전치사의 목적어는 명사이어야 한다. (A) 소유격 of it은 문법상 맞으나, 발음상 앞의 (Regardless) of와 가까운 거리에서 중복되는 것을 피하기 위해 사용되지 않는다.

16 _____ rapid spread of railways and the increase in ocean transport, long-distance traveling became more common.

(A) The
(B) It was the
(C) With the
(D) There was a

'동반 · 수반 관계'를 나타내는 전치사 with. (C) 장거리 여행과 철도의 확산이 동반관계라는 비유에서 with를 사용한다. (동시발생의 with)

17 _____ she went to church.

(A) On the next day morning
(B) On the next day's morning
(C) In the next day's morning
(D) On the morning of the next day

'특정일'을 나타내는 전치사 on. morning이 특정 일의 한정을 받는 경우 morning에 관계없이 특정 일에 오는 전치사 on이 쓰인다. (A), (B), (C) The next morning이면 정답이다.

18 I shall go _____ the bad weather.

(A) owing to
(B) instead of
(C) on account of
(D) notwithstanding

'양보'를 나타내는 전치사 notwithstanding. (D) notwithstanding the bad weather=in spite of the bad weather (나쁜 날씨에도 불구하고). (A), (C) '이유'를 나타내는 전치사. (B) '대리'를 나타내는 전치사.

19 In the church she was praying alone, _____ tears streaming down her face.

(A) as   (B) with

(C) when   (D) amid

she의 그 당시 상태에 '눈물을 흘린다' 는 것이 수반된다는 의미에서 with를 사용한다. 부대상황의 with. 「with + 목적어(명사) + 목적보어(분사, 형용사)」로 '~한 채, ~하여' 라는 동시 상황을 나타낸다.

20 The heart-lung machine rids the blood of carbon dioxide and replenishes it _____ oxygen.

(A) with   (B) within

(C) for   (D) by

혈액과 산소가 동반 관계이므로 with를 사용한다. (A) 「replenish A with B」(A에게 B를 공급하다) 《심폐기는 혈액에서 이산화탄소를 제거하고 산소를 보충해 준다.》

21 They have met many people _____ the years they have been in London.

(A) about   (B) for

(C) in   (D) during

'When?' 에 대한 대답 during. 'How long?' 에 대한 대답 for. 구체적인 (they have been in London)을 담고 있는 기간에는 during을, 일반적인 기간에는 for를 쓴다.

22 Let us inform you that we had much trouble _____ through the snow.

(A) driving   (B) on driving

(C) to drive   (D) drove

행위의 부사구에서 동명사 앞의 전치사는 생략된다. (A) 「have a trouble (in) + 동명사 = have a hard time (in) + 동명사」(~하는 데 애를 먹다).

유형 2 틀린 곳 찾기

Did you do <u>what</u> you <u>were</u> <u>supposed to do</u> <u>in this morning</u>?
          (A)   (B)   (C)   (D)

현재와 관련된 시간을 지칭하는 this가 있으므로 in을 생략해야 한다. 답 D

---

01 <u>Even then</u> we were not allowed to ride. <u>Instead,</u> we
     (A)   (B)

walked <u>alongside</u> <u>to</u> a safe distance.
       (C)   (D)

한 지점으로 간주되는 곳을 표현하는 at. 둘(차와 그들 혹은 그들 사이) 공간이 작아서 하나의 점으로 간주된다. (D) at a safe distance(안전거리 정도의 사이를 두고(가까이서)). 《그때까지조차도 우리는 승차 허락을 받지 못했다. 그래서 그 대신 안전거리를 두고 나란히 걸었다.》

02 Reagan seems <u>certain</u> to seek and is <u>likely</u> to get
(A)   (B)

a <u>substantial tax cut</u>, sharp increase <u>of</u> military spending
(C)   (D)

and progress <u>toward</u> the elimination of needless bureaucratic
(E)

rules.

한정 · 범위 제한의 in.《레이건은 실질적인 세금의 감면과 군사비의 급격한 증대, 그리고 불필요한 관료주의적 규정들을 폐지하는 쪽으로 추진하고 또 그쪽을 추구할 것처럼 보인다.》

03 <u>Although</u> there are <u>some</u> similarities in the platforms of
(A)   (B)

both candidates, the differences <u>among</u> them are
(C)

<u>considerably</u> wide. None.
(D)

'둘 사이'를 나타내는 전치사 between. (C) them은 두 후보를 나타내므로 그들 사이에는 between을 쓴다.《두 후보 간의 강령에 있어서 유사성이 일부 있기는 하지만, 차이점은 더욱 크다.》

04 All sewing was done <u>with</u> hand <u>until</u> the invention <u>of</u>
(A)   (B)   (C)

the sewing machine <u>in</u> the nineteenth century.
(D)

'수단 · 방법'을 나타내는 전치사 by. (A) by hand(손을 사용해).

05 <u>Just as</u> the college graduate, a <u>high-school graduate</u>
(A)   (B)

entering the <u>labor market</u> will find his earnings
(C)

<u>proportionate</u> to his abilities.
(D)

'유사'를 나타내는 전치사 like. (A) 전치사 as가 문두에 쓰이면 자격(~로서)을 나타내므로, 유사 표시 like로 고쳐야 한다.《노동시장에 진입하는 고교 졸업생들은 대학 졸업생들처럼 자신들의 보수가 능력에 비례한다는 것을 알게 될 것이다.》

06 At first, workers <u>had to make</u> the paper straws <u>by hand</u>,
(A)   (B)   (C)

but <u>on time</u> machinery made their mass <u>production</u>
(D)   (E)

possible.

시간의 경과를 나타내는 in의 숙어적 표현. In time : ① 때를 맞춰(eg. I will be there in time). ② 머지않아 곧(eg. In time machinery made their mass production possible). ③ (의문사를 강조해) 대체(eg. Why in time doesn't he came).《초기에는 종이 빨대를 손으로 만들어야 했으나 시간이 지남에 따라 기계가 대량생산을 가능하게 해주었다.》

<u>07</u> <u>Excepting for</u> <u>special exhibitions,</u> <u>most</u> museums in
     (A)   (B)   (C)

the United States <u>have</u> <u>no</u> admission charge.
              (D) (E)

'제외'를 나타내는 전치사 except의 용법.

<u>08</u> It is <u>so</u> hard to <u>defend</u> ourselves <u>to</u> <u>any</u> <u>temptation.</u>
      (A)   (B)   (C) (D)   (E)

'반대 반응(대항)'을 나타내는 전치사 against. (C) defend oneself against(~에 대항해서 자신을 지키다).

<u>09</u> The Novel prize in physics has been given annually <u>until</u>
 (A)   (B)

1901 to physicists who have achieved <u>excellence</u> in the
                                     (C)

<u>field.</u>
 (D)

과거 어느 시점에서 시작하여 현재까지 계속을 나타내는 since. (B) 1901년에 시작되어 현재까지 계속되었으므로 since가 사용되어야 한다.

<u>10</u> Everyone <u>has</u> gone <u>home</u> <u>already</u> except Smith and <u>I</u>
          (A)   (B)   (C)   (D)

전치사 except 뒤에는 목적격이 온다. (D) I → me.

유형 **1** 문장완성

1 ⑧   2 Ⓐ   3 ⑧   4 ⑩   5 ⑧   6 Ⓐ   7 Ⓔ   8 Ⓒ   9 ⑩   10 ⑩   11 ⑩   12 ⑧   13 Ⓔ
14 ⑧   15 Ⓒ   16 Ⓒ   17 ⑩   18 ⑩   19 ⑧   20 Ⓐ   21 ⑩   22 Ⓐ

유형 **2** 틀린 곳 찾기

1 ⑩   2 ⑩   3 Ⓒ   4 Ⓐ   5 Ⓐ   6 ⑩   7 Ⓐ   8 Ⓒ   9 ⑧   10 ⑩

Step 14 :: 명사절

- 접속어 + 주어 + 동사
- 주어 · 주격보어 · 직접목적어 · 전치사의 목적어로 쓰인다.

❶ 주어
▶ <u>How life began</u> has been a topic of debate for many centuries.
→ 어떻게 인생을 시작하느냐 하는 것은 수세기 동안 토론의 주제가 되어 왔다.

❷ 주격보어
▶ This is <u>why nuclear power is so abundant</u>.
→ 이것 핵 전력이 그렇게 풍부한 이유이다.

❸ 직접목적어
▶ Scientists discovered <u>that the planet Pluto has a satellite</u>.
→ 과학자들은 행성 명왕성이 한 개의 위성을 갖고 있다는 것을 발견했다.

❹ 간접목적어
▶ Microeconomics is concerned with <u>how wheat prices rise while cotton prices fall</u>.
→ 미시경제는 면 가격이 내려가는 동안, 밀 가격이 올라가는 것과 관계 있다.

01_ 접속사절

❶ that 절
▶ <u>That</u> the world is round <u>is</u> obvious.

→ 세상이 둥근 것은 분명하다.

(※ 명사절이 문장의 주어일 때 주절에는 반드시 1개의 동사가 있어야 한다.)

▶ I know that Mary is a liar.

→ 나는 메리가 거짓말쟁이라는 것을 알고 있다.

(※ 명사절이 문장의 직접목적어일 때 주절에는 반드시 1개의 주어와 1개의 동사가 있어야 한다.)

▶ The problem is that we have no money.

→ 우리가 돈이 없다는 것이 문제다.

▶ I know the fact that Jane has no money.

→ 제인이 돈이 없다는 것을 나는 알고 있다.

▶ I am sure that thing will improve.

→ 일이 향상될 것이라는 것을 나는 확신한다.

2 if절

의심이나 의혹·부정을 포함하는 내용을 이끈다.

▶ He asked if I knew Mary.

→ 그는 내가 메리를 알고 있는지 물었다.

cf 1. The question is if he will agree. (X)

(※ 보어절에는 못 온다.)

cf 2. It depends on if he will support us. (X)

(※ 전치사의 목적절에 못 온다.)

cf 3. If it rains doesn't concern me. (X)

(※ 수어절에는 못 온다.)

3 whether절

사실성 여부에 대해 양자 택일을 요구하는 내용을 이끈다.

▶ Whether he loves me (or not) is not clear to me.

→ 그가 나를 사랑하는지 그렇지 않은지 확실치가 않다.

▶ The point is whether Jane likes John (or not).

→ 존이 메리를 좋아하는지 그렇지 않은지가 문제다.

▶ I don't know whether it will rain or snow.

→ 나는 비가 올지 눈이 올지 모르겠다.

▶ Everything depends upon whether we have money (or not).

→ 모든 것이 우리가 돈이 있는지 없는지에 달려있다.

▶ The question <u>whether he likes her</u> is not certain.

→ 문제는 그가 그녀를 좋아하는 것이 확실치 않다는 것이다.

▶ He wondered <u>whether to accept the offer (or not)</u>.

→ 그는 그 제안을 받아 들여야 할지 말지 의아해 했다.

cf. I don't care <u>whether it doesn't rain (or not)</u>.

(※ 부정어 충돌이 일어나서 부정문에는 못 온다.)

02_ 의문사절

주어절, 목적절, 보어절, 동격절, 전치사의 목적절, 형용사의 보어절 등이 있다.

▶ <u>How he gets the money</u> is his own affair?

→ 그가 그 자신의 일만으로 어떻게 돈을 벌었을까? (주어절)

▶ I don't know <u>what made him do it</u>.

→ 무엇이 그가 그것을 하게 했는지 모르겠다. (목적절)

▶ My question is <u>when he will come back</u>.

→ 나의 질문은 그가 언제 다시 돌아오는가이다. (보어절)

▶ My first question, <u>why she did it</u>, has not been answered.

→ 나의 첫 번째 질문인 왜 그녀가 그것을 했는가는 답해지지 않았다. (동격절)

▶ Everything depends upon <u>whom she loves</u>.

→ 모든 것이 그녀가 누구를 사랑하는지에 달려 있다. (전치사의 목적절)

▶ I wasn't certain <u>whose house I was in</u>.

→ 내가 누구의 집에 있었던 것인지 확실하지 않았다. (형용사의 보어절)

Step 15 :: 주어와 동사의 수의 일치

문장의 주어로 쓰이는 명사구·명사절에 따라 동사는 수의 일치를 이룬다.

❶ 부정사나 동명사가 주어인 경우 : 단수취급

▶ <u>To be neutral</u> in this conflict <u>is</u> out of the question.

→ 이 논쟁에서 중립을 취하는 것은 불가능하다.

▶ <u>Smoking is</u> bad for your health.

→ 흡연은 너의 건강에 해롭다.

2 that절, wh-절 주어인 경우 : 단수취급

▶ <u>That the driver could not control his car was</u> obvious.

→ 그 운전자가 자신의 차를 제어할 수 없다는 것은 명백했다.

▶ <u>What caused the accident was</u> a complete mystery.

→ 그 사고를 일으킨 원인은 완전히 의문이었다.

▶ <u>Whoever caused the accident was</u> very careless.

→ 사고를 일으킨 사람이 누구든 아주 부주의한 일이었다.

3 등위상관접속사 구문은 원칙적으로 동사에 가까운 주어에 일치한다

either	A	or	B	
neither	A	nor	B	+ 동사 B
not	A	but	B	
not only	A	but also	B	

▶ Either the boys or <u>the girl is</u> responsible.

→ 그 소년들이나 그 소녀에게 책임이 있다.

▶ Not only the boys but also <u>the girl has</u> learned to ride.

= The girl as well as the boys has learned to ride.

→ 그 소년들뿐만 아니라 그 소녀도 승마를 배웠다.

▶ Either work references or a school certificate <u>is</u> necessary to get a job.

→ 직업 참고자료나 학교 자격증은 직업을 구하는 데 필요하다. (단수)

▶ Not only the bear but also many birds <u>are</u> becoming endangered.

→ 곰뿐만 아니라 많은 조류가 멸종되고 있다. (복수)

● 예외

A	as well as	B	
A	together with	B	+ 동사 A

▶ I as well as he <u>am</u> not the member of the club.

→ 그 뿐만 아니라 나도 그 클럽의 회원이 아니다.

▶ The captain, together with his crew, <u>was</u> struggling to overcome the storm.

→ 그의 선원과 더불어 선장은 그 폭풍을 극복하기 위해 노력하고 있었다.

❹ 명사와 대명사의 일치

① every 는 단수취급(he 로 받음).

▶ <u>Everyone</u> has to make <u>his</u> efforts.

→ 모든 사람은 노력을 해야 한다.

② one 은 one 으로 받음.

▶ <u>One</u> should study hard for <u>oneself</u>.

→ 자기를 위해 열심히 공부해야 한다.

❺ 복수의 의미를 갖고 있지만 단수동사 취급하는 대명사

• anybody	• each
• everyone	• nobody
• somebody	• anyone
• either	• anything
• everything	• no one
• someone	• everybody
• neither	• nothing
• something	

▶ <u>Each</u> of one climate zones <u>has</u> its own patterns of weather.

→ 각각의 기후지대는 그 자체의 날씨 패턴을 가지고 있다.

▶ <u>Everything</u> alive on earth <u>is</u> composed of cells.

→ 지구상에 살아있는 모든 것은 세포로 구성된다.

❻ 시간 · 거리 · 가격 · 무게의 표현 : 단수취급

▶ <u>Ten hours is</u> too short for us to talk about the matter.

→ 10시간은 너무 짧아 우리가 그 문제에 대해 논의할 수 없다.

▶ <u>Twenty dollars is</u> too much for a cap.

→ 20 달러는 그 모자에는 너무 비싸다.

▶ <u>Five miles is</u> a long way to go.

→ 5마일은 가기에는 먼 길이다.

7 **복수형 국가, 복수형 학문이름, news :** 단수취급

- The United States, The United Nations, The Philippines
- economics, politics, mathematics, physics
- the news

▶ The united States <u>has</u> much natural resources.

→ 미국은 많은 천연자원을 갖고 있다.

8 **집단을 표현하는 것은 전체적으로 단수를 취한다**

- a group of
- a flock of
- a colony of
- a pair of
- a family of

▶ A pair of electrodes <u>conducts</u> the current in a battery.

→ 한 쌍의 전극은 배터리 안에서 전류를 옮긴다.

9 **both · few · many · several + 복수동사**

▶ Of all the states, <u>few have</u> as much open space as Montana.

→ 모든 주(州) 중에서, 몬태나 주처럼 넓은 공간을 가지고 있는 주는 거의 없다.

10 **부분을 표시하는 말 + of + 명사**

구문 뒤에 오는 명사에 따라 단수나 복수가 좌우된다.

some	most	part		
rest	majority	percent	+ of	+ 단수명사 (A) + 단수동사 (A)
분수				+ 복수명사 (B) + 복수동사 (B)

▶ <u>Some</u> of the news on television <u>distorts</u> the truth.

→ 텔레비전의 일부 뉴스는 진실을 왜곡하고 있다. (단수)

▶ <u>Some</u> of the endangered species <u>are</u> disappearing rapidly.

→ 일부 멸종 위기의 동물들은 빠르게 사라지고 있다. (복수)

▶ The rest of the <u>members are</u> absent.

→ 회원들 중 나머지는 결석이다.

▶ Two-thirds of <u>the land has</u> already been sold.

→ 그 땅의 3분의 2는 이미 팔렸다.

문장의 구성

1 1개의 영어문장은 1개의 동사가 반드시 존재한다

▶ It <u>likely</u> that the game will be cancelled because of rain.
  (→ is likely)

　(※ likely는 술어동사가 아니므로 주절에서 별도의 동사가 필요하다.)

▶ The participants <u>agreeing</u> that it was the most interesting event.
　　　　　　　　　　(→ agreed)

　(※ 부정사와 동명사는 술어동사가 아니다.)

2 2개의 절은 반드시 접속사로 연결되어야 한다

▶ <u>The most interesting event in the festival</u> is (<u>that</u>) <u>small robots appear</u>
　　　　　(1개의 절)　　　　　　　　　　　(접속사)　　　　(1개의 절)

<u>all the time</u>.

Step 16 :: 병렬구조

등위접속사, 상관접속사, 콤마(,)에 의해 단어·구·절이 연결될 때, 그 문법적 구조나 형태를 같게 하는 문장구조를 말한다.

01_ 등위구문

1 명사의 경우 (friendship, stability, trust)

▶ <u>Friendship, stability and trust</u> are frequently mentioned as criteria for a worthwhile relationship between two people.

→ 우정, 안정, 그리고 신뢰는 두 사람 사이의 가치있는 관계의 척도로서 자주 언급된다.

② 형용사의 경우 (young, talented)

▶ She is <u>young and talented</u>.

→ 그녀는 젊고 재능있다.

③ 부사의 경우 (quickly, simply, cheaply)

▶ The early settlers on the prairie built sod homes <u>quickly, simply and cheaply</u>.

→ 대평원의 초기 거주자들은 재빠르게, 간단하게 그리고 값싸게 풀집을 지었다.

④ 동사의 경우 (fall, take, generate)

▶ Nearly all trees have seeds that <u>fall</u> to the earth, <u>take</u> root, and eventually <u>generate</u> new seeds.

→ 거의 모든 나무는, 땅에 떨어져 뿌리를 내리고, 결국 새로운 씨를 만들어내는 씨를 가지고 있다.

⑤ 부정사의 경우 (to find, to state, to write)

▶ We learned <u>to find</u> the main idea in the book, <u>to state</u> a thesis, and <u>to write</u> a supporting paragraph.

→ 우리들은 그 책의 주된 사상을 발견하고, 그 주제를 설명하고 그리고 이를 뒷받침해 주는 구절을 쓰는 것을 배웠다.

⑥ 동명사의 경우 (cutting, hammering, squeezing)

▶ Machine tools shape metal by <u>cutting, hammering, or squeezing</u>.

→ 공구는 자르고, 두들기고 혹은 압착하여 금속의 모양을 만든다.

⑦ 분사의 경우 (surrounded, wounded)

▶ <u>Surrounded</u> on all sides and <u>wounded</u> severly, he continued to do his duty as commodore.

→ 사방으로 포위되고 심한 부상을 입었으나, 그는 함대사령관으로서 임무를 계속 수행했다.

⑧ 구·절의 경우 (what we say, what we do)

▶ There is always a gap between <u>what we say</u> and <u>what we do</u>.

→ 우리들이 말하는 것과 행하는 것 사이에는 항상 차이가 있다.

02_ 등위상관구문

1 both A and B (병렬구조 : how it works, why it is important)

▶ It explains both <u>how it works</u> and <u>why it is important</u>.

→ 그것은 그것이 어떻게 작동하는지와 왜 중요한지를 설명해 주고 있다.

2 not A but B (병렬구조 : of old age, of an injury)

▶ She died not <u>of old age</u> but <u>of an injury</u> to her head.

→ 그녀는 노령으로 죽은 것이 아니라 머리의 상처로 죽었다.

3 either A or B (병렬구조 : to London, to Paris)

▶ She went either <u>to London</u> or <u>to Paris</u>.

→ 그녀는 런던에 갔거나 파리에 갔다.

4 neither A nor B (병렬구조 : pretty, clever)

▶ She is neither <u>pretty</u> nor <u>clever</u>.

→ 그녀는 예쁘지도 않고 영리하지도 않다.

5 not only A but also B (병렬구조 : dances, sings)

▶ He not only <u>dances</u> well but also <u>sings</u> well.

→ 그는 춤을 잘 출 뿐만 아니라 노래도 잘 부른다.

03_ 비교구문

1 원급 문장 (병렬구조 : studying, working)

▶ <u>Studying</u> is as difficult as <u>working</u>.

→ 공부하는 것은 일하는 것만큼 어려운 일이다.

2 비교급 문장 (병렬구조 : to write, to read)

▶ <u>To write</u> accurately is more important than <u>to read</u> quickly.

→ 정확하게 쓰는 것이 빨리 읽는 것보다 중요하다.

3 유사비교 문장 (병렬구조 : reciting, singing)

▶ <u>Reciting</u> a poem is similar to <u>singing</u> a song.

→ 시를 암송하는 것은 노래는 부르는 것과 비슷한 점이 많다.

Step 17 :: 중복구문

2개 이상의 같은 의미 단어가 중복되어 어색한 문장이 되는 경우이다. 이 경우에 2개의 중복된 구조에서 1개는 새로운 정보가 아니므로 제거해야 한다.

▶ The <u>first original</u> packaged breakfast cereal was introduced in 1894.

→ 최초의 포장된 아침 시리알은 1894년에 도입되었다.

　(※ First와 Original은 같은 의미이므로 둘 중 하나는 제거해야 한다.)

▶ You should <u>refund back</u> for the goods you had bought in the store.

→ 당신은 가게에서 샀던 물건을 환불해야 한다.

　(※ refund에는 back 이라는 의미가 이미 포함되어 있으므로 생략해야 한다.)

● **중복구문에 자주 쓰이는 예**

• advance forward : 앞으로 나가다	• nearly almost : 거의
• reread again : 다시 읽다	• ancient old : 고대의
• precede before : 선행하다	• return back : 되돌아가다
• enter into : ~로 들어가다	• proceed forward : 앞으로 진행하다
• same identical : 동일한	• follow after : 뒤쫓아가다
• progress forward : 앞으로 나가다	• sufficient enough : 충분한
• join together : 참여하다	• repeat again : 반복하다
• tiny little : 작은	

▶ People generally do not like to <u>repeat</u> their mistakes <u>again</u>. (×)

→ 사람들은 일반적으로 실수를 반복하는 것을 좋아하지 않는다. (again 생략)

(※ 동일한 동사가 반복 사용되는 경우.)

▶ It serves as a <u>huge</u>, <u>giant</u> water reservoir. (×)

→ 그 것은 큰 물저장소로 사용된다. (giant 생략)

▶ Chimpanzees have a wide range of calls which serve to <u>communicate</u> and <u>convey</u> some types of information. (×)

→ 침팬지는 몇몇 정보를 전달하는 데 사용되는 넓은 범주의 외침소리가 있다. (convey 생략)

Step 18 :: 도치구문

의문사나 부정어, 부사어가 문두에 올 때 「동사 + 주어」의 도치구문이 일어난다.

1 부정어 + 동사 + 주어

- only when ____ , + 동사 + 주어
- neither + 동사 + 주어
- never + 동사 + 주어
- nowhere + 동사 + 주어
- not until ____ , + 동사 + 주어
- on no account + 동사 + 주어
- not only + 동사 + 주어, but also + 주어 + 동사
- no sooner + 동사 + 주어 than ____
- rarely (scarcely, seldom) + 동사 + 주어
- under no circumstances + 동사 + 주어

▶ Not until the 1840s <u>could</u> <u>women</u> own property in the U.S.

→ 1980년대에 비로소 여성들이 미국에서 소유권을 갖게 되었다.

▶ No sooner <u>had he</u> seen me than he ran away.

→ 그는 나를 보자마자 도망갔다.

▶ Never <u>had the submarine</u> been used so effectively until the first world war.

→ 잠수함은 제1차 세계대전까지는 결코 그렇게 효과적으로 이용되지 않았었다.

▶ Only when you see no oncoming traffic <u>should</u> <u>you</u> make a left turn.

→ 오고 있는 차가 보이지 않을 때에만, 좌회전을 할 수 있다.

2 **so + 동사 + 주어 :** ~도 마찬가지

neither + 동사 + 주어 : ~도 역시 아니다

▶ The gull is a cliff-dweller, and the common murre is a cliff-dweller.

= The gull is a cliff-dweller, and <u>so is the common murre</u>.

→ 갈매기는 암굴 거주자이며, 보통은 바다오리도 마찬가지이다.

3 **가정법 조건절의 if 생략 구문 : If + 주어 + 동사~ = 동사 + 주어,**

▶ <u>If he had not been killed in Korean War</u>, he would be 55 now.

= <u>Had he not been killed in Korean War</u>, he would be 55 now.

→ 만약 그가 한국전쟁에서 죽지 않았었다면 그는 55살이 되었을 텐데.

Step 19 :: 단어의 형태

01_ 어형

단어의 형태가 문장 안에서 어떻게 활용되는지를 판단하는 문제이다. 다시 말해, 단어의 품사가 어떠한 기능을 갖는지를 알아야 한다. 명사 · 동사 · 형용사 · 부사는 각기 다른 수식관계와 역할을 한다.

▶ Smith has known much <u>success</u> through his long acting career.

→ 스미스는 그의 오랜 연기 경력을 통해 많은 성공을 알아왔다. (명사)

(※ 형용사 much가 수식하고 있다.)

▶ Smith <u>succeeded</u> in making numerous award-winning films.

→ 스미스는 수많은 수상 영화를 만드는 데 성공했다. (동사)

(※ 1개의 절에서 동사는 반드시 1개 존재한다.)

▶ Smith is <u>a successful</u> American film actor, director, and producer.

→ 스미스는 성공적인 미국의 영화배우이자, 감독, 프로듀서이다. (형용사)

(※ 명사 American film actor를 수식하는 것은 형용사이다.)

▶ Smith <u>successfully</u> managed his company in 2003.

→ 스미스는 2003년에 그의 회사를 성공적으로 경영했다. (부사)

  (※ 동사 manage를 수식하는 것은 부사이다.)

02_ 접미사

❶ 명사형 접미사

사람 · 장소 · 사물 · 활동 · 사상을 지칭할 때 쓰인다.

- -acy : sufficiency (충분)
- -al : rehearsal (리허설)
- -ate : primate (영장류)
- -dom : kingdom (왕국)
- -hood : childhood (어린시절)
- -tion/ -sion : concentration (집중)
- -ion : champion (챔피언)
- -ist : biologist (생물학자)
- -ity : similarity (유사성)
- -ness : darkness (어두움)
- -ster : youngster (젊은이)
- -age : postage (우편)
- -ance/ -ence : correspondence (편지)
- -er/-or : professor (교수)
- -ic/ -ics : mathematics (수학)
- -ing : building (빌딩)
- -ism : socialism (사회주의)
- -ite : dynamite (다이나마이트)
- -ment : establishment (설립)
- -ship : relationship (관계)
- -ure : moisture (습기)

❷ 동사형 접미사

동사는 행위 · 소유 · 존재의 상태를 표현한다.

- -ate : compensate (보상하다)
- -ify : qualify (자격을 주다)
- -en : strengthen (강화하다)
- -ize : civilize (문명화하다)

❸ 형용사형 접미사

형용사는 명사나 다른 명사구를 수식한다. 형용사는 명사의 종류를 설명함으로써 정의한다.

- -able, -ible : capable (능력있는)
- -ant, -ent : relevant (관련있는)

- -al, -ial, -ical : physical (육체적인)
- -ar : spectacular (장엄한)
- -ate : literate (읽을 수 있는)
- -en : golden (황금의)
- -ful : careful (주의하는)
- -ile : mobile (움직이는)
- -ish : reddish (붉으스름한)
- -less : hairless (털이 없는)
- -ly : deadly (치명적인)
- -ous, -eous, -ious : anxious (걱정스런, 열망하는)
- -y : tricky (속기 쉬운)

- -an, -ian : Canadian (캐나다의)
- -ary : ordinary (보통의)
- -ed : recommended (추천된)
- -ese : Japanese (일본의)
- -ic : economic (경제의)
- -ing : captivating (사로잡는)
- -ive : active (활동적인)
- -like : lifelike (진짜 같은)
- -some : troublesome (말썽피는)

4 부사형 접미사

부사는 동사, 형용사, 다른 부사를 수식한다. 부사는 방법·시간·장소·빈도 등을 설명한다.

- -ly : precisely (정확하게)
- -wise : clockwise (시계방향의)

- -ward : forward (앞으로)

TIP...

- -ly는 부사와 형봉사 모두 쓰인다.
- -ly로 끝나는 형용사는 명사에서 온다(friendly, yearly).
- -ly로 끝나는 부사는 형용사에서 온다(commonly, clearly).

cf. 한편 형용사와 부사의 형태가 같은 경우도 있다.

ex. fast, low, much, late, high, early, far, hard

03_ 어휘선택

철자나 발음이 유사한 어휘를 문장 속에서 구별함으로써 올바른 어휘의 용법을 알아야 한다.

● **주의해야 할 단어들**

- advice : 충고(명사)
- advise : 충고하다(동사)
- alike : ~와 같은(형용사)
- like : ~처럼(전치사)
- almost : 거의(부사)
- most : 대부분(형용사)
- another : 또 다른(형용사)
- other : 다른(형용사)
- others : 나머지 것들(대명사)
- the other : 둘 중 나머지 하나(대명사)
- beside : ~의 옆에(전치사)
- besides : 게다가(부사)
- especially : 특히(부사)
- special : 특별한(형용사)
- hard : 열심히(부사), 단단한(형용사)
- hardly : 거의 ~않는(부사)
- lay : ~을 놓다(타동사)
- lie : 놓다, 눕다, 거짓말하다(자동사)
- near : ~가까이(전치사)
- nearly : 거의(부사)
- raise : ~을 올리다(타동사)
- rise : 오르다(자동사)
- amount : 양(단수취급)
- number : 수(복수 취급)
- as : ~하듯이(접속사)
- like : ~처럼(전치사)
- between : 둘 중 하나(전치사)
- among : 셋 이상에서 하나(전치사)
- during : ~동안(전치사)
- while : ~동안(접속사)

▶ <u>Almost</u> all sports clothing is designed for a specific activity.
→ 거의 모든 스포츠복은 특정 활동을 위해 만들어졌다.
▶ <u>Most</u> sports clothing is designed for a specific activity.
→ 대부분의 스포츠복은 특정 활동을 위해 만들어졌다.

▶ <u>One</u> type of thunderstorm is caused by local conditions: <u>another</u> type is caused by the arrival of a cold front.
→ 일종의 천둥폭우는 지역 상태에 의해 야기되며, 또 다른 유형은 한랭전선이 옴으로써 야기된다.
▶ <u>Other</u> equipment will be necessary to complete the job.
→ 다른 장비가 그 일을 완성하기 위해 필요할 것이다.

▶ Many small towns have a wooded park <u>beside</u> a lake or stream.
→ 많은 작은 도시들은 호수나 시내가 옆에 숲이 우거진 공원을 갖고 있다.
▶ Inflation is hard on the individual: <u>besides</u> it can be a serious threat to a nation's economic health.

- ↦ 인플레이션은 개인에게는 혹독하다. 게다가 그것은 한 나라의 경제 건강에 심각한 위협이 될 수 있다.

▶ <u>Besides</u> being hard on the individual, inflation can be a serious threat to a nation's economic health.

- ↦ 인플레이션은 개인에게 혹독할 뿐만 아니라, 한 나라의 경제 건강에 심각한 위협이 될 수 있다.

▶ Some people are <u>especially</u> sensitive to dust and pollen.

- ↦ 어떤 사람들은 특히 먼지와 꽃가루에 예민하다.

▶ The community held a <u>special</u> ceremonies for them.

- ↦ 지역사회는 그들을 위하여 특별한 의식을 열었다.

04_ 보어의 형태

다음의 감각동사는 보어로 형용사를 취한다(뜻은 부사인 것에 주의한다).

<u>be</u>	<u>seem</u>	<u>appear</u>	
<u>become</u>	<u>look</u>	<u>feel</u>	**+ 보어(형용사)**
<u>sound</u>	<u>taste</u>	<u>smell</u>	

▶ I feel <u>angry</u>.

- ↦ 나는 화를 느낀다.

▶ His plan appeared <u>impossible</u>.

- ↦ 그의 계획은 불가능한 것처럼 보였다.

▶ The soup taste <u>good</u>.

- ↦ 스프는 좋은 맛이 난다.

유형 1 문장완성

The children enjoy playing in the sand and_____ in the ocean.

(A) swim (B) swimming

(C) like to swim (D) likes swimming

등위접속사 and를 중심으로, 동사 enjoy의 목적어인 동명사 playing과 swimming이 병렬구문을 이룬다. 답 B

01 Cobalt resembles iron and nickel in appearance and _____ .

(A) is hard (B) although hard

(C) has hardness (D) hardness

전치사 in의 목적어로 두 개의 명사가 병렬. 《코발트는 외관과 강도에 있어서, 철과 니켈을 닮았다.》

02 _____ visit me or I will visit you.

(A) You must either

(B) You either must

(C) Either you must

(D) Either must you

or와 either는 「either A or B」의 상관구문을 이루고, 「주어 + 동사」의 같은 구문을 필요로 하는 병렬구문이다.

03 The king was loved by his friends, respected by his subjects, and _____ .

(A) his enemies feared him

(B) frightened his enemies

(C) he feared his enemies

(D) feared by his enemies

수동태가 병치구조를 이루는 문장.

04 Not everyone in the class _____ going on a picnic.

(A) are (B) were

(C) is (D) am

everyone은 단수 취급하므로 is가 옳다.

05 Nearly 10 percent of the members in the club never _____ the conference.

(A) attends

(B) doesn't attend

(C) attend

(D) don't attend

「부분 + of + 명사」 구문에서 동사는 명사에 일치한다. 명사 members가 복수이므로, attend가 옳다. never는 부정어이므로 뒤에 부정어는 올 수 없다.

06 Not only the teacher but also the students _____ this decision.

(A) is welcomed

(B) are welcomed

(C) welcomes

(D) welcome

「Not only A but also B」 구문은 B에 동사를 일치하며, the students가 주어이다. welcome은 능동구문에 맞는 단어형태가 좋다.

07 She didn't know whether to sell her books or _____.

(A) to keep them for reference

(B) if she should keep them for reference

(C) keeping them for reference

(D) kept for reference

to 부정사의 병렬구문.《그녀는 그녀의 책들을 팔아야 하는지, 참고하기 위해 보관해야 하는지 몰랐다.》

08 Mr. Kim went to Seoul, bought some books, and _____ .

(A) visiting his sister

(B) to visit his daughter

(C) visited his daughter

(D) visit his daughter

(E) visits his daughter

등위 접속사에 의해 연결된 과거동사의 병치구조.

09 Active mainly in the early morning and late afternoon, _____ often sleeps in a hole rooted in the earth or takes shelter in a cave.

(A) the peccary

(B) as the peccary

(C) so that the peccary

(D) and the peccary

이 문장은 도입된 구절 후에 주어로서 명사구가 필요하다. (B)와 (C)는 접속어 as와 so that이 종속절을 이루어 비문이 되며, (D)는 and가 2개의 주절을 이루어야 하므로 잘못된 구조가 된다.

10 African-American dance, _____ blend of elements derived from diverse traditions, has been attracting ever wider attention on the professional dance scene.

(A) to

(B) it's a

(C) which a

(D) a

주어인 African-American dance를 설명해주는 명사구조가 필요하다. (A)는 to 부정사처럼 보이나 뒤의 of ele-ments 앞에는 명사가 와야 하므로 부정사로 볼 수 없다. (B)는 동사가 있으므로 뒤의 has been의 동사부분과 중복되어 틀린 문장이 된다. (C)는 which가 접속어로서 형용사절을 이끈다.

11 _____ , Edgar Allan Poe became known as the
father of the modern detective story.

(A) The son of actors was   (B) He was the son of actors
(C) The son of actors   (D) Acted as the son of

문장에서 주어인 Edgar Allan
Poe를 다시 설명해주는 명사구
가 필요하다. (D)는 전치사 of로
끝날 경우 목적어가 필요하다.

유형 **2** **틀린 곳 찾기**

Brown, <u>along</u> with other members, <u>think</u> <u>that</u> the game
　　　　(A)　　　　　　　　　　　　(B)　　(C)

<u>is</u> going to be very exciting.
(D)

「A along with B」 구문은 동사
가 A에 일치하므로 Brown이
주어이다. 따라서 3인칭 단수
에 맞게 동사에 -s를 붙여야
한다. 답 B

---

01 The number of participants <u>who</u> <u>knew</u> the answer to the
　　(A)　　　　　　　　　　　　(B)　　(C)

question <u>were</u> very low.
　　　　(D)

문장의 주어는 The number of
partici-pants이며, the number of
는 단수 취급한다. 따라서 전체
동사는 was가 되어야 한다.

---

02 That the diesel engine is similar <u>to</u> the gasoline engine,
　　(A)　　　　　　　　　　　　　　(B)

but <u>it</u> runs on a heavier grade of <u>fuel</u>.
　　(C)　　　　　　　　　　　　　　(D)

that은 접속어이므로 종속절을 이
루게 된다. 문장중의 but을 중심
으로 2개의 독립된 문장이 나와
야 한다. 따라서 that이 생략되어
야 주어가 the diesel engine인 올
바른 문장이 된다.

---

03 The elephant relies more on <u>its</u> sense of smell than <u>for</u> any
　　　　　　　　　　　　　　(A)　　　　　　　　　　　(B)

other <u>sense</u>.
(C)　　(D)

「on + 목적어」가 than에 의해 병
렬구조를 이루는 문장. 《코끼리는
어떤 다른 감각보다 후각에 더 의
존한다.》

---

04 If <u>these</u> millions of boys <u>are</u> not to be judged by their
　　(A)　　　　　　　　　　(B)

academic accomplishments, <u>he</u> will be judged <u>harshly</u>.
　　　　　　　　　　　　　　(C)　　　　　　　　　(D)

대명사는 앞의 명사를 대신하는
것이므로 these millions of boys
를 대신하는 대명사는 복수로 써
야 타당하다.

---

05 Neither Russia <u>nor</u> the United States <u>have been able to</u>

               (A)   (B)

discover a <u>mutually</u> satisfactory plan for <u>gradual</u>

          (C)   (D)

disarmament.

술어동사와 연결되는 주어는 the United States이므로 have been able을 has been able로 고쳐야 한다. 《소련도 미국도 점차적인 군비축소를 위한 상호 만족스러운 계획을 발견할 수 없었다.》

06 Understanding <u>the</u> cultural habits of another nation,

             (A)

especially one containing so many diversified sub-cultures

   (B)

as the <u>United States</u>, <u>are</u> a complex.

       (C)   (D)

문장의 주어가 Understanding이므로 동사는 단수를 취한다. 《다른 나라, 즉 미국과 같이 많은 다양한 하부 문화를 포함하고 있는 나라의 문화 습관을 이해 한다는 것은 복잡하고 갈피를 잡기 어려운 과업이다.》

07 The teacher, <u>together</u> <u>with</u> his colleague and several

              (A)   (B)

relatives, <u>are</u> <u>travelling</u> to the Olympic Games.

       (C)   (D)

주어가 3인칭 단수이므로 동사도 3인칭 단수 형태로 일치시켜야 한다.

08 Everyone who <u>reads</u> this book will think <u>themselves</u>

             (A)   (B)

<u>knight-errant</u> <u>on</u> missions.

   (C)   (D)

재귀대명사 강조용법으로 -self가 목적어로 쓰일 때, 주어와 일치 관계를 이룬다. Everyone이 주어이므로 재귀대명사는 3인칭 단수형인 himself로 써야 한다.

09 The news of the president's treaty negotiations <u>with</u> the

                                         (A)

foreign government <u>were</u> received with <u>mixed</u> emotions

             (B)   (C)

by the citizens of both <u>governments</u>.

                 (D)

The news는 형태상으로는 복수이나 추상명사로서 불가산 명사이므로 동사는 단수형을 이루어야 한다.

10 <u>Either</u> the carpenters or the electrician can store <u>their</u> <u>tools</u>

   (A)   (B) (C)

in the shed, but there is no room <u>for</u> both sets.

                             (D)

Either ~ or 구문은 동사에 가까운 주어 원칙에 따라 the electrician이 주어이므로 (B)의 소유격도 수의 일치를 시켜야 타당하다.
(B) → his

11 Dams are used to <u>control</u> flooding, provide water for
  (A)

<u>irrigation</u>, and <u>generating</u> electricity for the surrounding
  (B)　　　　　　(C)

<u>area</u>.
  (D)

동사원형의 병렬구조. 《댐은 홍수를 통제하고 관개를 위한 물을 제공하며, 주변 지역을 위한 발전을 위해 이용된다.》

12 Sharing corporate <u>stocks</u> with <u>employees</u> can be an
  (A)　　　　　　　(B)

effective way to promote <u>harmonious</u>, efficiency, and
  (C)

equitability <u>in the workplace</u>.
  (D)

promote의 목적어로 세 개의 명사를 병렬시킨 문장. 《근로자들과 주식을 공유하는 것은 직장에서 조화와 능률 그리고 형평성을 조성하는 효과적인 방법이 될 수 있다.》

13 <u>According</u> to a survey, three-<u>fourths</u> of the students <u>is</u>
  (A)　　　　　　　　　　(B)　　　　　　(C)

opposed <u>to</u> the school uniform.
  (D)

「분수 + of」 구문은 뒤에 오는 명사의 수에 일치한다. students가 복수이므로 동사는 are가 좋다.

14 Seldom <u>his father goes</u> abroad <u>alone</u>; he is <u>usually</u>
  (A)　　　　　　　(B)　　　　　(C)

<u>accompanied</u> by his friends.
  (D)

seldom은 부정어로 문장 앞에 오면 주어와 동사가 도치된다. (A) → does his father go.

유형 **1** 문장완성

1 ⓓ　2 ⓒ　3 ⓓ　4 ⓒ　5 ⓒ　6 ⓓ　7 ⓐ　8 ⓒ　9 ⓐ　10 ⓓ　11 ⓒ

유형 **2** 틀린 곳 찾기

1 ⓓ　2 ⓐ　3 ⓑ　4 ⓒ　5 ⓑ　6 ⓓ　7 ⓒ　8 ⓑ　9 ⓑ　10 ⓑ　11 ⓒ　12 ⓒ　13 ⓒ
14 ⓐ

Step 20 :: 기본 시제

01__ 현재시제

❶ 현재의 반복적 · 습관적 동작

▶ Whenever it <u>rains</u>, the roof leaks.

→ 비가 내릴 때마다 지붕이 샌다.

▶ John usually <u>walks</u> to school if he <u>has</u> enough time.

→ 존은 보통 시간이 충분하면 걸어서 학교에 간다.

❷ 시간과 관계없는 불변의 진리나 일반적 사실

▶ Hydrogen <u>is</u> the lightest element.

→ 수소는 가장 가벼운 원소이다.

▶ Where there <u>is</u> a will, there <u>is</u> a way.

→ 뜻이 있는 곳에 길이 있다.

❸ 미래시제 대용의 현재시제

왕래발착동사 + 미래부사(구)

왕래발착동사 : come · go · leave · arrive · depart · start · return · sail

▶ The ship <u>sails</u> next Monday.

→ 그 배는 오는 월요일에 출항한다.

▶ My brother <u>returns</u> from America next month.

→ 내 동생은 다음 달에 미국에서 돌아온다.

❹ 시간부사절 + 현재동사 = 미래의 뜻
조건부사절(if) + 현재동사 = 미래의 뜻

시간부사절 : when · until · before · as soon as · it will not be long before

▶ He is likely to leave early before his parents <u>arrive</u> here.

→ 그는 부모님이 이곳에 오시기 전에 일찍 떠날 것이다. (시간부사절)

▶ I will go on a hiking trip if the weather <u>is</u> good tomorrow.

→ 나는 내일 날씨가 좋으면 도보여행을 할 것이다. (조건부사절)

TIP...

① **시간절이 동사의 목적어일 때는 미래동사를 쓴다. (명사절)**

▶ I don't know when he <u>will</u> accept my offer. (동사 know의 목적절)

→ 나는 그가 언제 나의 제안을 받아들일지를 모른다.

② **if절이 동사의 목적어일 때는 미래동사를 쓴다. (if = whether)**

▶ I am wondering if they <u>will</u> arrive here. (동사 wonder의 목적절)

→ 나는 그들이 여기에 도착하게 될지에 대해 궁금하다.

02_ 과거시제

1 과거의 동작 · 상태

yesterday · ago · once · last + 시간명사 + 과거시제

▶ John <u>went</u> to America <u>last month</u>.

→ 존은 지난 달에 미국으로 갔다.

▶ It <u>was</u> unusually warm for winter <u>yesterday</u>.

→ 어제는 겨울치고는 이상스럽게 따뜻했다.

2 과거의 습관, 반복적 동작

보통 often, usually, every 등의 빈도부사를 동반하여 나타낸다.

① 과거의 규칙적 습관 : used to

▶ She <u>used to</u> go to the museum on Sundays.

→ 그녀는 일요일마다 박물관에 가곤 했다.

② 불규칙적 습관 : would

▶ He would <u>usually got up</u> at six in those days.

→ 그는 그 당시에 보통 6시에 일어났다.

03_ 미래시제 : will (shall) + 동사 = 미래시제

▮ 주어의 의지는 will로 표기

▶ I will finish this by noon.

↳ 나는 이 일을 정오까지 끝마치겠다.

▶ They won't accept your offer.

↳ 그들은 너의 제안을 받아들이려 하지 않는다.

▮ 화자의 의지는 shall로 표기

▶ You shall have the watch.

= I will give you the watch.

↳ 너에게 그 시계를 주겠다.

▶ He shall be there.

= I will force him to be there.

↳ 그를 그곳에 보내겠다.

▮ 청자의 의지는 Shall I? / Will you?로 표기

▶ Will you kindly show me the way to City Hall?

↳ 시청으로 가는 길 좀 알려주시겠습니까?

▶ Shall I call on you tomorrow?

↳ 내일 당신을 방문해도 될까요?

▮ 왕래발착동사의 현재진행형 = 미래

▶ Tom is coming to the party tonight.

↳ Tom은 오늘밤 파티에 올 것이다.

Step 21 :: 진행시제

01_ 현재진행 : be (현재) + 동사 ~ing

▮ 현재 진행 중인 동작

▶ He is writing a letter to his uncle in America.

→ 그는 미국에 계신 그의 삼촌께 편지를 쓰고 있다.

2 미래시제를 대용하는 현재진행형 시제

arrive, come, go, depart, start, leave 와 같은 왕래발착동사는 현재진행형 시제로 미래시제를 대용한다. 미래를 나타내는 부사(구)와 함께 쓰이는 경우가 많다.

▶ I am leaving for Busan by the 10:00 a.m. train tomorrow.

→ 나는 내일 오전 10시 기차로 부산으로 떠날 것이다.

02_ 과거진행 : be (과거) + 동사 ~ing

1 과거 한 시점(기간)에서 진행 중인 동작

▶ She was studying English when I called her.

→ 내가 그녀에게 전화했을 때 그녀는 영어 공부를 하고 있었다.

▶ While I was repairing the water pipe, she was watching my work.

→ 수도 파이프를 수리하는 동안 그녀는 내가 하는 일을 지켜보았다.

2 과거의 습관적 동작

▶ He was always forgetting people's name.

→ 그는 늘 사람들의 이름을 잊어버렸다.

03_ 미래진행 : will (shall) be + 동사 ~ing

1 미래에 진행 중인 동작

▶ Next spring, I shall be traveling in America.

→ 내년 봄이면 나는 미국에서 여행을 하고 있을 것이다.

2 예정된 가까운 미래의 동작

▶ An old friend of mine will be calling on me shortly.

→ 나의 옛 친구가 곧 나를 방문할 것이다.

04_ 완료진행

❶ 현재완료진행 : `have been + 동사 ~ing`

과거에 시작하여 현재까지 계속 중인 동작이나 이미 행해진 동작을 의미하고, 보통 기간을 나타내는 부사구를 동반한다.

▶ I <u>have been waiting</u> for an hour and he still hasn't turned up.

→ 나는 지금 한 시간 동안 기다리고 있는데 그는 여전히 나타나지 않았다.

▶ I <u>have been suffering</u> from flu for a week.

→ 나는 일주일 전부터 유행성 감기에 걸려 있다.

❷ 과거완료진행 : `had been + 동사 ~ing`

어느 과거 시점까지 동작의 계속, 미완료의 상태를 나타낸다.

▶ I <u>had been reading</u> the novel till I went out.

→ 나는 외출할 때까지 계속 그 소설을 읽고 있었다.

▶ He <u>had been waiting</u> thirty minutes when she appeared.

→ 그는 그녀가 나타났을 때까지 30분 동안 계속 기다리고 있었다.

❸ 미래완료진행 : `will (shall) have been + 동사 ~ing`

미래 어느 시점까지의 동작의 계속을 나타낸다.

▶ He <u>will have been teaching</u> here for ten years, if he goes on teaching till next month.

→ 만일 그가 다음 달까지 교편을 잡는다면 10년 간 여기서 가르치는 것이 된다.

▶ It <u>will have been raining</u> a whole week by tomorrow.

→ 내일이면 꼭 일주일 동안 비가 내리는 셈이 된다.

TIP...

진행형으로 할 수 없는 동사

동적(Dynamic) 동사는 진행형이 되지만 정적(Stative) 동사는 진행형이 되지 않는다.

① 지각에 관한 동사

see, watch, hear, feel, notice, observe, behold, smell, recognize

② 감정에 관한 동사

want, desire, refuse, forgive, wish, care, love, hate, adore, like, dislike, please, surprise, delight

③ 인식에 관한 동사

　think, understand, know, realize, mean, suppose, believe,
　expect, remember, recollect, forget, recall, mind

④ 소유동사

　have, own, belong, possess

⑤ 상태에 관한 동사

　seem, appear, consist, keep, concern, matter, resemble

TIP...

have, see, hear 등의 동사가 동작의 뜻으로 쓰였거나 본래의 뜻과 다르게 쓰일 때는 진행형이 가능하다.

▶ We <u>are having</u> our breakfast. (우리는 아침식사를 하고 있다.)

▶ He <u>is having</u> a bath now. (그는 지금 목욕을 하고 있다.)

▶ They <u>are seeing</u> the sights. (그들은 명소를 구경하고 있다.)

▶ I've <u>been hearing</u> all about his accident. (나는 그의 사고에 관한 모든 소식을 듣고 있다.)

Step 22 :: 완료시제

완료시제 for, since, already, yet, so far, never 등과 같이 쓰인다.

01__ 현재완료시제 : **have (has) + 과거분사 → 현재기준**

과거에 시작되어 현재에 완료된 상황이며 완료·경험·계속·결과 용법으로 나누어진다.

1 동작의 완료

just · now · already · this year(week, month) · lately · recently 등의 부사(구)를 수반한다.

▶ I <u>have just written</u> a letter.

→ 나는 방금 편지를 썼다.

▶ <u>Has</u> he <u>just gone</u> out?

⤳ 그는 방금 나갔습니까?

▶ He <u>has not finished</u> writing his composition yet.

⤳ 그는 아직 작문을 끝내지 않았다.

❷ 현재까지의 경험

과거에서 현재까지의 경험으로 ever · never · once · before · sometimes · seldom 등을 동반한다.

▶ I <u>have never seen</u> a whale.

⤳ 나는 고래를 본 적이 없다.

▶ <u>Have</u> you <u>ever read</u> an English novel?

⤳ 영어 소설을 읽은 적이 있습니까?

❸ 현재까지의 상태 · 동작의 계속

● 상태동사 + 현재완료

　상태동사 : be · have · love · like · hate · know · remember · believe · understand

● since · for 와 같은 기간을 나타내는 부사구를 수반.

▶ Ten years <u>have passed since</u> he wrote the novel.

= It is ten years since he wrote the novel.

= He wrote the novel ten years ago.

⤳ 그가 그 소설을 쓴 지 10년이 지났다.

▶ He <u>has lived</u> here <u>all his life</u>.

⤳ 그는 평생 여기서 살고 있다.

❹ 결과를 나타내는 경우

● 완료 후의 상태가 아직도 그 결과로서 계속되어 있는 것.

● go · come · arrive · leave · become buy · sell · give 등의 동사가 있다.

▶ He <u>has bought</u> a watch.

= He has the watch now.

⤳ 그는 손목시계를 한 개 샀다.

▶ He <u>has left</u> school.

= He is no longer in school.

→ 그는 학교를 졸업했다.

02_ 과거완료시제 : had + 과거분사 → 과거기준

- 과거의 한 시점을 기준으로 하여 과거에 일어난 두 가지 이상의 어떤 동작이나 상태를 서술할 때, 한 동작이 다른 동작보다 먼저 일어났음을 나타낸다.
- 완료 · 경험 · 계속 · 결과를 나타낸다.

1 과거의 일정한 시점까지의 동작의 완료

already · after · before · till 등의 부사구와 함께 쓰이며 no sooner ~ than/ hardly(scarcely) ~ when(before) 등 부정의 뜻을 가진 부사를 쓸 경우에도 보통 과거시제를 쓰지 않고 과거완료시제를 쓴다.

▶ When I got to the station, the train had already left for Seoul.

→ 내가 역에 도착했을 때 기차는 이미 서울을 향해 떠났다.

▶ I had just written my answers, when the bell rang.

→ 마침 답안을 다 쓰고 났을 때 종이 울렸다.

▶ No sooner had they heard the news than they jumped for joy.

= They had no sooner heard the news than they jumped for joy.

→ 그들은 그 소식을 듣자마자 기뻐서 날뛰었다.

2 과거의 일정한 시점까지의 경험

현재완료와 같이 before · ever · never · seldom once · twice · often · rarely 등 부사를 동반하는 경우가 많다.

▶ I had been to Japan when I was ten years old.

→ 내가 열 살이었을 때 일본에 가 본 적이 있다.

▶ As I had never seen him before, I did not know him.

→ 나는 전에 그를 본 일이 없었기 때문에 그를 알지 못했다.

3 과거의 일정한 시점까지의 동작 · 상태의 계속

for · since · long · always 등 기간을 나타내는 부사구를 수반하는 경우가 많다.

▶ He had been ill for five days, when the doctor was sent for.

→ 그는 5일 동안 앓고 나서 의사를 불렀다.

▶ By 2000 she had been married for thirty years.

→ 2000년은 그녀가 결혼한 지 30년이 되는 해였다.

4 과거의 일정한 시점까지의 동작 · 상태의 결과

▶ When I awoke, the sun <u>had already risen</u>.

→ 눈을 떴을 때는 해가 벌써 떠 있었다.

▶ The book <u>had just been sold</u> when I came back with my money.

→ 내가 돈을 가지고 돌아왔을 때 그 책은 막 팔렸다.

5 과거시제 이전의 동작 · 상태를 나타내는 경우

▶ I gave my son the fountain pen that I <u>had bought</u> for me.

= I bought a fountain pen for me, and then I gave it to my son.

→ 내가 쓰려고 샀던 만년필을 우리 아들에게 주었다.

▶ I <u>had been</u> at the station a long time before the train arrived.

→ 열차가 도착하기 훨씬 전부터 나는 역에 있었다.

6 이루지 못한 희망 · 기대 · 의도 · 계획 · 욕망 등을 나타낼 때 : had + p.p. + to부정사

had + (hope · expect · want · intend · mean · be동사)의 과거분사 + to부정사

▶ They <u>had wanted</u> to help but couldn't get here in time.

= They wanted to have helped but couldn't get here in time.

→ 그들은 도와주려고 했던 것이었으나 시간에 맞게 여기에 도착할 수 없었다.

03_ 미래완료시제 : will (shall) + have + 과거분사 → 미래기준

미래를 기준으로 그때까지의 완료 · 경험 · 계속 · 결과를 나타낸다.

1 미래의 어떤 시점까지 어떤 일의 완료

▶ I shall have completed the task <u>by tomorrow</u>.

→ 나는 내일까지 그 일을 끝마치게 될 것이다.

2 미래의 어떤 시점까지의 경험

▶ When I finished reading this book, I <u>shall have read</u> it three times.

→ 이 책을 읽고 나면 세 번 읽게 된다.

❸ 계속을 나타내는 미래 완료

▶ I <u>shall have lived</u> here for ten years <u>by September</u>.

→ 9월이면 여기에 산 지 10년이 된다.

❹ 미래의 어떤 시점까지의 결과나 상태

▶ She <u>will have gone</u> to Rome when he come home <u>next month</u>.

→ 다음 달에 그가 집에 올 때는 그녀는 로마에 가 있을 것이다.

유형 **1** 문장완성

By the time you _____ back, the conference schedule will be ready.

(A) got   (B) get

(C) has got   (D) will get

시간의 부사절(by the time)에서는 동사의 현재형이 미래를 대신한다. B

---

01 Last year the already dwindling tribe finally _____ to leave its ancestral land and to look for a new place to live.

(A) decides   (B) decided

(C) has decided   (D) had decided

과거를 나타내는 부사(last year)의 수식을 받으므로 과거시제. 《이미 점차 감소되고 있던 그 부족은 마침내 지난해에 조상의 땅을 떠나 새로운 삶의 터전을 찾아보기로 결정했다.》

---

02 Lead _____ as a material for sculpture since the time of early Greeks.

(A) has been used

(B) Being used

(C) has used

(D) used

since(이래로)로 미루어 보아 현재완료시제이며 의미상 수동이므로 현재완료수동. 납은 초기 그리스 시대 이래로 조각의 재료로 이용되어 왔다.

---

03 How long _____ when Professor Baker finally arrived?

(A) had the students been waiting

(B) have the students waited

(C) did the students wait

(D) have the students been waiting

주절의 시제가 종속절의 시제(과거)보다 앞서고, 학생들이 기다린 것은 과거의 말하는 시점보다 이전에 시작하여 말하는 시점까지 계속된 상황이므로 과거완료진행을 쓴다. 《Baker 교수가 마침내 도착했을 때 학생들은 얼마나 오래 기다리고 있었니?》

---

04 When we arrived, the other guests _____ drinks.

(A) were having   (B) have had

(C) have been having   (D) did have

도착했을 때 음료수를 마시고 있었으므로 과거진행. have는 '먹다, 마시다'의 의미를 가지고 있는 동작동사이므로 진행형이 가능하다.

05 We could not cross the river, because the water
_____ during the night.

(A) rose (B) had risen
(C) has risen (D) had been risen

종속적의 시제가 주절의 시제(과거)보다 한 시제 앞서므로 과거완료. 《밤 사이에 강물이 불어났기 때문에 우리는 강을 건널 수 없었다.》

06 He will go to America next month if he_____
ready then.

(A) will have been (B) will be
(C) is (D) is going to be

시간이나 조건의 부사절에서는 현재시제가 미래시제를 대신하므로 (C)가 정답. 만약 준비가 되면 그는 다음 달에 미국에 갈 것이다.

07 A: Was the driving pleasant when you vacationed in
Mexico last summer?
B: No, it_____ for four days when we arrived, so
the roads were very muddy.

(A) was raining (B) would be raining
(C) had been raining (D) have rained

과거시점에서 4일 동안(for four days) 비가 내리고 있었던 중이었으므로 과거완료진행.

08 Irene_____ New Hampshire in 1976 and _____
in Virginia since then.

(A) left, worked (B) has left, worked
(C) has left, has worked (D) left, has worked

in 1976은 명확한 과거시제, since then은 현재완료시제. 《Irene은 1976년에 뉴햄프셔를 떠나 그때 이후로 버지니아에서 살고 있다.》

09 After reevaluating the proposal, the agency_____
the contract to us.

(A) awards (B) awarded
(C) had awarded (D) awarding

《그 제안서를 재검토한 뒤에 그 회사는 우리에게 계약서를 주었다.》문맥상 과거형 동사가 옳다.

10 When the directors _____a profit, they will be
pleased with it.

(A) are seeing (B) see
(C) have been seeing (D) will see

when 이하는 시간부사절로 현재형이 미래를 대신한다.

As soon as she <u>will get</u> there, the conference <u>will</u>
<u>(A)</u>   (B)   (C)

<u>start</u> <u>as scheduled</u>.
         (D)

시간의 부사절 「as soon as 주어 + 동사」는 동사의 현재시제가 미래를 뜻한다. 🔑 B

---

01 Copernicus found that <u>the orbits</u> of the planets <u>will be</u>
                          (A)   (B)   (C)

more symmetrical if the Sun rather than the Earth were

regarded as the center of the planetary <u>system</u>.
                                    (D)

주절이 과거시제이므로 종속절도 시제일치를 시켜서 과거시제로 함. 《Copernicus는 만약 태양계의 중심이 지구가 아니라 태양이라고 간주한다면 행성들의 궤도들이 보다 대칭이 됨을 알았다.》

---

02 The instructor had gone <u>over</u> the problems <u>many times</u>
                                (A)   (B)

before the students <u>will take</u> the final examination.
 (C)   (D)

주절의 시제가 과거완료이므로 before 이하의 종속절은 과거시제.

---

03 New York City <u>has been</u> the <u>capital</u> of New York State
                         (A)   (B)

until 1797, <u>when</u> the state capital was moved to <u>Albany</u>.
       (C)   (D)

문맥상 과거완료시제. 《뉴욕시는 뉴욕 주의 수도가 Albany로 옮겨진 1797년까지 그 주의 수도였다.》

---

04 <u>On the theory</u> that the protein causes the disorder
          (A)

<u>by traveling from other tissues</u> to the brain, researchers
               (B)

may now seek to devise <u>drugs that would block the</u>
                        (C)

protein <u>before it will get there</u>.
             (D)

시간 부사절에서는 현재가 미래시제를 대신하므로 before 이하 종속절의 시제를 현재로 고쳐야 한다. 《연구자들은 단백질이 다른 조직에서 뇌까지 이동함으로써 이상을 초래한다는 이론에 따라 이제 단백질이 뇌에 도달하기 전에 그것을 차단하는 의약품을 개발하려 할 것이다.》

05 Sixty-seven women <u>have</u> served in the U.S. Congress
     (A)   (B)

<u>since</u> the first woman <u>electing</u> in 1916.
 (C)   (D)

현재완료 문장에서 since 이하가 이끄는 종속절은 과거시제.

06 With a history <u>of more than</u> four thousand <u>years ago</u>
             (A)   (B)

the drum is one of the oldest and <u>most widely used</u>
                                (C)

<u>musical instrument.</u>
    (D)

문맥상 4,000년 이상 된 역사를 의미하므로 과거시제와 함께 쓰이는 ago를 삭제해야 한다.

07 <u>Since a long</u> time teachers <u>have known that</u> students learn
      (A)   (B)

<u>in</u> <u>different</u> <u>ways.</u>
(C)   (D)

since 뒤에는 과거의 시점을 나타내는 명사가 온다.

08 At that time the old lady <u>is</u> ninety-six, but she <u>still</u>
                    (A)   (B)

remembered <u>when</u> she <u>was</u> twenty-five years old.
         (C)   (D)

at that time(그 당시에)은 과거의 한 시점을 나타내는 부사어이므로 과거시제를 써야 한다. 《그 노부인은 그 당시에 96세였지만 그녀가 25세였던 때를 아직도 기억하고 있었다.》

09 A <u>population</u> consists of members of <u>the same</u> species that
     (A)   (B)

currently <u>had lived</u> in a <u>given</u> area.
        (C)   (D)

that절에서는 문맥상 현재까지의 상태(currently)를 나타내고 있으므로 현재완료형을 써야 함. 《인구는 일정 지역에 최근까지 거주해 오고 있는 같은 부류의 구성원들로 이루어진다.》

10 When he retires, Professor Jones <u>will be teaching</u> here
     (A)   (B)

for <u>over thirty years</u>, but his classes <u>are</u> never dull.
    (C)   (D)

시간을 나타내는 부사절에서는 현재가 미래를 대신하므로 when 이하 종속절의 시제는 미래이므로 주절의 시제는 내용상 미래시점에 있어서의 동작의 완료를 나타내는 미래완료가 타당.

11 Professor Kim will depend on his research assistants
                        (A)   (B)

while he will take a leave of absence next year.
        (C)   (D)

시간의 부사절은 현재가 미래를
대신.

12 When the phone rang at around 7:30, she cooked.
   (A)   (B)   (C)   (D)

when 이하는 과거의 시점을 의미
하며, 주절은 그 시점의 진행형이
옳다 . (D) cooked → was
cooking.

유형 1 문장완성

1 ⑧ 2 Ⓐ 3 Ⓐ 4 Ⓐ 5 ⑧ 6 Ⓒ 7 Ⓒ 8 Ⓓ 9 ⑧ 10 ⑧

유형 2 틀린 곳 찾기

1 Ⓒ 2 Ⓓ 3 Ⓐ 4 Ⓓ 5 Ⓓ 6 ⑧ 7 Ⓐ 8 Ⓐ 9 Ⓒ 10 ⑧ 11 Ⓒ 12 Ⓓ

- 태 : 동사가 나타내는 행위의 방향성에 따라 쓰는 표현 형식.
- 능동태 : 주어가 동사의 능동적 주체
- 수동태 : 주어가 동작을 받음. 「be 동사 + 과거분사」

Step 23 :: 시제에 따른 수동 구문

1 현재

▶ French is used as an official language in Canada.

→ 불어는 캐나다에서 공용어로 사용된다.

2 현재진행

▶ English and physics are now being taught in our school.

→ 영어와 물리학은 지금 우리 학교에서 가르쳐지고 있다.

3 현재완료

▶ Dogs have been kept as domestic animals since then.

→ 개는 그때 이래로 애완용 개로 길러지고 있다.

4 과거

▶ The first thermometer was invented by Galileo.

→ 최초의 온도계는 갈릴레오에 의해 발명되었다.

5 과거진행

▶ Theories of logic and binary numbers were being developed by him.

→ 논리와 2진법 이론은 그에 의해 개발되고 있었다.

6 과거완료

▶ By the seventeenth century, chemistry <u>had been recognised</u> as a science.

→ 17세기 무렵, 화학은 과학으로서 인정되었었다.

7 미래

▶ The course <u>will be offered</u> only in fall semester.

→ 그 과정은 가을학기에만 제공될 것이다.

TIP...

> **부정사의 수동 : to + be + P.P.**
>
> ▶ The innovative group of painters came <u>to be known</u> as "abstract expressionists"
>
> → 혁신적 집단의 미술가들은 '추상적 표현주의자' 로 알려지게 되었다.

Step 24 :: 주요한 수동태 구문

1 사람의 감정(희노애락), 심리상태를 나타내는 경우

과거분사가 일종의 형용사보어 역할을 한다.

- be pleased at (with, about) : ~에 기뻐하다
- be delighted at : ~에 기뻐하다
- be rejoiced at (with) : ~에 기뻐하다
- be amused at : ~에 기뻐하다
- be disappointed at : ~에 실망하다
- be excited with : ~에 흥분하다
- be interested in : ~에 관심이 있다
- be satisfied with : ~에 만족하다
- be surprised at : ~에 놀라다
- be amazed at : ~에 놀라다
- be astonished at : ~에 놀라다
- be alarmed at : ~에 놀라다

- be startled at : ~에 놀라다
- be shocked at : ~에 충격을 받다
- be frightened at : ~에 무서워하다
- be annoyed at : ~에 시달리다
- be embarrassed by : ~에 당황하다
- be puzzled at : ~에 당황하다
- be worried about : ~걱정하다
- be offended at (by) : ~에 화나다
- be convinced of (that) : ~을 확신하다
- be acquainted with : ~을 잘 알다
- be concerned about : ~을 걱정하다

▶ I am interested in science.

→ 나는 과학에 관심이 있다.

▶ She was surprised at the news.

→ 그녀는 그 소식을 듣고 놀랐다.

▶ I was disappointed that you didn't call.

→ 네가 전화해주지 않아서 실망했다.

▶ I'm convinced of his honesty.

→ 나는 그가 정직하다고 확신한다.

❷ 관용적 수동표현

- be known to : ~에 알려지다
- be exposed to : ~에 노출되다
- be covered with : ~로 덮이다
- be filled with : ~로 가득 차다
- be surrounded with : ~로 둘러쌓이다
- be confronted with : ~에 직면하다
- be equipped with : ~를 갖추다
- be crowded : ~로 혼잡하다
- be made of : ~로 만들다

- be opposed to : ~에 반대하다
- be mistaken : ~을 잘못하다

▶ The mountain is still covered with snow.

→ 그 산은 여전히 눈으로 덮여 있다.

▶ The box is filled with dangerous chemicals.

→ 그 상자는 위험한 화학약품으로 가득 차 있다.

▶ You are mistaken on that point.

→ 그 점에서 너는 틀린다.

Step 25 :: 문형별 수동태 전환

1 3형식 문장의 수동태 전환

S + V + O → S + V (be동사 + 과거분사) + by 행위자

▶ Mary helped the boy.

= The boy was helped by Mary.

→ 메리는 그 소년을 도와주었다.

▶ Shakespeare wrote that play.

= That play was written by Shakespeare.

→ 셰익스피어가 그 연극을 창작했다.

2 4형식 문장의 수동태 전환

S + V + IO (간접목적어) + DO (직접목적어) → S + V + O

목적어가 두 개인 경우 일반적으로 두 가지 형태의 수동태 구문으로 전환할 수 있다.

● 두 가지 수동태를 만들 수 있는 수여동사

• give : 주다	• offer : 제공하다
• send : 보내다	• award : 상을 주다

- assign : 할당하다
- lend : 빌려주다
- show : 보여주다
- teach : 가르쳐주다
- permit : 허락해주다
- deny : 부인하다
- promise : 약속하다

- grant : 수여하다
- recommend : 추천하다
- tell : 말해주다
- allow : 허락해주다
- forbid : 금지하다
- refuse : 거절하다
- pay : 지불하다

▶ He <u>gave</u> me this book.

= This book <u>was given</u> to me <u>by</u> him.

= I <u>was given</u> this book <u>by</u> him.

→ 그가 나에게 이 책을 주었다.

▶ The little girl kindly <u>showed</u> me her picture.

= I <u>was</u> kindly <u>shown</u> her picture <u>by</u> the little girl.

= Her picture <u>was</u> kindly <u>shown</u> to me <u>by</u> the little girl.

→ 그 어린 소녀가 자신의 사진을 내게 보여주었다.

TIP...

get, make, do, bring, send, pass, sell, write, read 등의 동사는 직접목적어만 수동태의 주어가 될 수 있다.

▶ He <u>wrote</u> me a long letter.

= <u>A long letter was written</u> to me by him.

→ 그가 내게 장문의 편지를 썼다.

* I <u>was written</u> a long letter by him. (X)

---

③ 5형식 문장의 수동태 전환

S + V + O + O.C → S + V + C

believe, think, consider, make, elect, call, name 등의 동사가 있다.

▶ <u>She believed</u> him to be handsome.

= He <u>was believed</u> to be handsome.

→ 그녀는 그가 멋있다고 믿었다.

▶ They <u>elected</u> him president.

= He <u>was elected</u> president.

→ 그들은 그를 회장으로 선출했다.

TIP...

지각동사나 사역동사의 수동태로 전환 : 원형부정사를 to 부정사 형태로 고친다. 단, 사역동사 get, have는 수동태로 전환할 수 없으며 let은 be allowed to로 전환시켜 수동태로 만든다.

▶ I <u>have</u> never <u>heard</u> him <u>speak</u> ill of others.

= He <u>has</u> never <u>been heard to speak</u> ill of others (by me).

→ 나는 그가 다른 사람에 대해 험담하는 것을 들어 본 적이 없다.

▶ His teacher <u>made</u> him <u>read</u> that book.

= He <u>was made to read</u> that book by his teacher.

→ 그의 선생님은 그에게 저 책을 읽으라고 시키셨다.

▶ They <u>let</u> me <u>take</u> a day off.

= I <u>was allowed to take</u> a day off.

→ 그들은 내게 하루 쉬라고 했다.

Step 26 :: 수동태를 쓰지 않는 경우

❶ 목적어가 없는 자동사인 경우

▶ Salt <u>exlsts in</u> the sea.

→ 소금은 바다에 존재한다.

cf. Salt is existed in the sea. (X)

❷ 수동태를 쓰지 않는 타동사

• lack : ~이 없다	• become (befit, suit, fit) : ~에 어울리다, 적합하다
• resemble : 닮다	• have (own, possess) : 소유하다
• escape : 모면하다	• suffice : ~에 충분하다, 만족시키다
• hold : 수용하다	• befall : ~에게 발생하다
• cost : 소요되다	• let : 시키다
• meet : 만나다	

▶ He <u>resembles</u> his father.

→ 그녀는 어머니를 닮았다.

　　* His father is resembled by him. (X)

❸ 재귀대명사가 목적어일 경우

▶ He <u>killed himself</u>.

→ 그는 자살했다.

　　* Himself was killed by him. (X)

❹ 상호대명사가 목적어일 경우

▶ Jack and Gill <u>like each other</u>.

→ 잭과 질은 서로 좋아한다.

　　* Each other is liked by Jack and Gill. (X)

❺ 목적어가 주요 신체의 일부일 경우

▶ He <u>scratched his head</u>.

→ 그는 자기 머리를 긁었다.

　　* His head was scratched by him. (X)

❻ 목적어의 소유격이 주어와 동일인일 경우

▶ He <u>lost his dog</u>.

→ 그는 그의 개를 잃어버렸다.

　　* His dog was lost by him. (X)

❼ 부정사나 동명사가 목적어일 경우

▶ He <u>hoped to see</u> her again.

→ 그는 그녀를 다시 만나기를 원했다.

　　* To see her again was hoped by him. (X)

▶ He <u>enjoyed playing</u> tennis.

→ 그는 테니스를 즐겼다.

　　* Playing tennis was enjoyed by him. (X)

Step 27 :: 주의해야 할 수동태

1 **명령문의 수동태**

> let + 목적어 + be동사 + 과거분사

▶ <u>Complete</u> the task immediately.

= <u>Let</u> the task <u>be completed</u> immediately.

→ 그 임무를 즉시 완성해라.

2 **명령문의 수동태 (부정문의 경우)**

> let + 목적어 + not + be + P.P. = Don't + let + 목적어 + be + P.P.

▶ <u>Don't open</u> the door of this room.

= <u>Don't let</u> the door of this room <u>be opened</u>.

= <u>Let</u> the door of this room <u>not be opened</u>.

→ 이 방문을 열지 마라.

3 **부정문의 수동태** : 부정어를 항상 문장 주어로 쓴다.

▶ <u>No one has ever solved</u> the problem.

= The problem <u>has never been solved</u>.

→ 지금까지 그 문제를 푼 사람은 아무도 없다.

▶ <u>Nothing satisfied</u> her.

= She <u>was not satisfied with anything</u>.

→ 아무것도 그녀를 만족시키지 못했다.

군동사의 수동태 전환

군동사는 하나의 단위로 취급하여 수동태로 전환 가능하다.

1 **자동사 + 전치사**

- send for : ~을 데리러 보내다
- laugh at : ~을 비웃다
- look after : ~을 돌보다
- bring about : ~을 야기하다

- depend on : ~에 의존하다
- account for : ~을 설명하다
- look into : ~을 조사하다

▶ They <u>sent for</u> at once.

= The doctor <u>was sent for</u> at once.

→ 그들은 즉시 의사를 부르러 보냈다.

2 타동사 + 부사

- put on : ~을 입다
- back up : 지지하다, 후원하다
- puff out : ~을 끄다
- take off : 이륙하다
- make up : 구성하다, 화해하다

▶ She <u>puffed out</u> all the candles on the cake.

= All the candles on the cake <u>were puffed out by</u> her.

→ 그녀는 케이크의 촛불들을 훅 불어 껐다.

3 자동사 + 부사 + 전치사

- catch up with : 따라잡다
- look up to : 존경하다
- look forward to : 기대하다
- speak well of : 칭찬하다
- do away with : 제거하다
- look down on : 멸시하다
- put up with : 참다

▶ All the students <u>looked up to</u> the teacher.

= The teacher <u>was looked up to by</u> all the students.

→ 모든 학생들이 그 선생님을 존경했다.

▶ People <u>speak well of</u> him.

= He <u>is well spoken of</u>.

→ 사람들은 그를 좋게 평한다.

4 **타동사 + 명사 + 전치사**

- take care of : 돌보다
- find fault with : 비난하다
- pay attention to : 주의를 기울이다
- make a point of : 막 ~하려고 하다

▶ You must <u>take care of</u> the children.

= The children must <u>be taken care of by</u> you.

↱ 너는 그 아이들을 돌봐야 한다.

TIP...

「동사 + 명사 + 전치사」에서 명사가 much, little, no, every, some, any, good 등의 수식을 받을 경우에는 그 명사를 수동태의 주어로 하여 수동태 구문으로 전환할 수 있다.

▶ We must [take <good care> of] the baby.

= The baby must <u>be taken good care of by</u> us.

= <u>Good care</u> must <u>be taken of</u> the baby <u>by</u> us.

↱ 우리는 그 아기를 잘 돌봐야 한다.

▶ She [paid <no attention> to] the old man.

= The old man <u>was paid no attention by</u> her.

= <u>No attention was paid</u> to the old man <u>by</u> her.

↱ 그녀는 그 노인에게 아무런 주의도 기울이지 않았다.

능동 수동태

능동태의 형태로 수동의 의미를 갖는 동사 sell, cut, worth 등.

▶ This book <u>sells</u> well.

↱ 이 책은 잘 팔린다.

▶ This knife <u>cuts</u> well.

↱ 이 칼은 잘 든다.

▶ This book <u>is worth</u> reading twice.

= This book <u>is worth</u> being read twice.

↱ 이 책은 두 번 읽을 가치가 있다.

유형 1 문장완성

A copy of your certificate should be _____ for the position.

(A) submit   (B) submitted

(C) submitting   (D) submission

주어가 동사 submit의 수동관계이며, 수동구문은 「be + P.P.」이므로 과거분사형이 와야 한다. 답 B

01 The needs for the Korean economy to gain ground on the world market on a stable basis _____ more acutely now than ever before.

(A) will be felt   (B) have been felt

(C) has been felt   (D) is being felt

(E) are being felt

'~필요성이 이전보다 현재 더욱 통감되고 있다'의 시점은 현재이므로 (A), (B), (C)는 부적절하다. 주어가 복수이므로 (D)도 부적절하다.

02 Some feeds, such as pasture grasses, hay and cereal gains are _____ cattle.

(A) farm specifically   (B) specifically farmed

(C) farming specifically for   (D) farmed specifically for

주어가 feed(사료)이므로 farm의 수동형이 요구된다. 《목초, 건초, 그리고 곡물 등과 같은 일부 사료들이 특히 소에게 먹이기 위해 경작된다.》

03 Antibodies _____ by small and round cells.

(A) to be made   (B) making

(C) made   (D) are made

Small and round cells make antibodies. → Antibodies are made by small and round cells.

04 The brain _____ billions of neurons that differ from each other in size and shape.

(A) is making up of   (B) has made up of

(C) makes up of   (D) is made up of

'make up of'는 '~을 구성하다'라는 의미의 타동사구를 이루며 수동형으로 쓰이면 'be made up of'.

05 The seating of musicians in an orchestra is arranged
_____ to produce the desired blend of sounds from
the various musical sections.
(A) the conductor of   (B) from the conductor
(C) the conductor and   (D) by the conductor

수동태 문장이므로 「by + 행위
자」가 필요.

06 _____ that the formation of the sun, the planets
and other stars began with the condensation of
an interstellar gas cloud.
(A) The belief   (B) It is believed
(C) Believing   (D) To believe

목적어가 절인 문장의 수동태는
가주어 it을 사용하여 만든다. 《태
양, 행성 그리고 다른 별들의 형
성은 성간 기체 구름이 응결되는
데서 시작되었다고 믿어진다.》

07 It was agreed that during the period the prisoner
_____ the right to see visiting people and to receive
letters and newspapers.
(A) deprive of   (B) deprived of
(C) will deprive of   (D) would deprive
(E) would be deprived of

deprive A of B(A에게서 B를 빼
앗다). the prisoner가 deprive 당
하는 것이므로 수동이 되어야 하
고, 시제일치를 위해 would를 쓴
다.

08 The scientific study of the motion of bodies and the action
of forces that change or cause motion _____ dynamics.
(A) called   (B) calls
(C) are called   (D) is called

5형식 문장에서 쓰인 call의 목적
어가 주어로 온 수동태. 《물체의
운동과, 그 운동을 일으키거나 변
화시키는 힘의 작용에 대한 과학
적 연구를 역학이라 한다.》

09 The death penalty has been _____ in many countries
because it was thought be too inhumane.
(A) done in   (B) done away
(C) done away with   (D) done for

do away with(폐지하다)의 수동
태 구문.

10 If you _____ the successful job candidate, you will
receive a congratulatory notice in the mail.
(A) choose   (B) are chosen as
(C) are chosen   (D) are chosen by

5형식으로 쓰인 「choose A as
B」의 수동태.

Full refunds will be provided if a receipt is receiving by
　　　(A)　　　　　(B)　　(C)　　　　　　　(D)
a cashier.

if 절에서 is received by의 수동구문이 필요하다. 수동구문이 「be + P.P.」라는 것을 명심한다. 답 D

---

01 When overall exports exceed imports, a country said to
　　　　　(A)　　　　　　(B)　　　　　(C)
have trade surplus.
　　(D)

be said to(~라고 말해진다) = When overall experts exceed imports, they say that a country has trade surplus. (→ is said)

---

02 Thanks to the newly invented vaccine, the liver disease
　　　(A)　　　　　　(B)　　　　　　　　　(C)
has now been disappeared.
　　　　(D)

disappear는 자동사이므로 수동태 불가. (→ disappeared)

---

03 A new automobile needs to tune up after the first
　　　　　　(A)　　　(B)　　　　　(C)
five thousand miles.
　　(D)

turn up의 의미상 주어가 automobile이므로 수동형 부정사구 to be turned up으로 고쳐야 한다.

---

04 The care of children in an American family is exclusively
　　　(A)
the responsibility of their parents, and children are learned
　　　　　　　　(B)　　　　　　　　　　　(C)
to be independent at an early age.
　　　　　　(D)

목적어로 to부정사가 있으므로 능동형이 요구된다. 《미국 가정에서 아이들을 돌보는 것은 전적으로 그들 부모의 책임이며, 아이들은 초년에 자립하는 것을 배운다.》 (→ learned)

---

05 The phenomenon has described so often as to need no
　　　(A)　　　　　(B)
further cliches on the subject here.
　　(C)　　　(D)

타동사인 describe의 목적어가 없으므로 수동. 《이런 현상은 그 문제에 관해 여기에서 더 이상의 상투적 표현이 필요 없을 만큼 자주 묘사되어 왔다.》 (→ been described)

06 It is impossible <u>to take a walk</u> in the country with
                        (A)

an <u>average townsman</u> without <u>amazing</u> at the vast
   (B)   (C)

continent <u>of his ignorance.</u>
          (D)

amaze의 수동태. His ignorance amazes us. → We are amazed at his ignorance. (→ without being amazed at his ignorance.)

07 When I <u>got to</u> the airport, I discovered that the plane from
              (A)

Chicago, which my brother was travelling <u>on,</u>
                                         (B)

<u>had been delayed</u> in Denver because of engine trouble
        (C)

and <u>was expecting</u> to be <u>about an hour late.</u>
        (D)   (E)

주어인 the plane은 무생물이므로 직접 expect의 행위자가 될 수 없다. 따라서 동사의 태를 수동태로 고쳐야 타당하다. (→ was expected)

08 Instead <u>of being housed</u> in one central bank in Washington,
        (A)   (B)

D.C., the Federal Reserve System is <u>division</u> into twelve
                                       (C)

<u>districts.</u>
  (D)

divide A into B → A is divided into B. 《연방 준비 은행제도는 Washington, D.C.의 한 중앙은행으로 수용되지 않고 12개 지구로 쪼개져 있다.》 (→ divided)

09 Scientists found the human brain to <u>divide</u> into <u>two halves,</u>
                                          (A)   (B)

which <u>are</u> nearly identical <u>in appearance.</u>
      (C)   (D)

the human brain이 divide를 당하는 것이므로 수동구문으로 써야 한다. found를 3형식 동사로 보면 (A)를 is divided, 5형식 동사로 보면 to be divided로 고친다.

10 A lot of animals <u>have</u> <u>been disappeared</u> since the hunters
                       (A)   (B)

<u>killed</u> <u>them.</u>
  (C)   (D)

disappear는 자동사이므로 수동형을 쓰지 않는다.
(→ disappeared)

11 A painter who lived most of his life in the Middle West,
  (A)   (B)   (C)

Grant Wood has called America's "Painter of the Soil".
              (D)

call이 5형식 동사로 쓰이고 있으므로 has been called로 바꾼다.

12 As a whole the plow is being displacing by new machines
   (A)   (B)

that are necessary for more abundant crops.
(C)   (D)

진행형 수동태는 「be being p.p.」 형식이므로 (B)를 being displaced로 바꾸어야 타당하다.

13 The statement will be speaking just one time; therefore,
                (A)   (B)

you must listen very carefully in order to understand
                                      (C)

what the speaker has said.
(D)

문장의 주어로 쓰인 명사구 'The statement'가 무동작 주체이므로 진행형을 취할 수 없다. 의미상 미래시제 수동으로 써야 타당하다. (→ will be spoken)

14 We asked our teacher if we could leave a few minutes
                      (A)

earlier, but we were said we had to wait until 5:00.
(B)   (C)   (D)

'we were said that'이라는 표현은 없다. 'it was said that' 또는 'we were told that'으로 해야 한다.

유형 1 문장완성

1 ⑤   2 ⑪   3 ⑪   4 ⑪   5 ⑪   6 ⑧   7 ⑤   8 ⑪   9 ⓒ   10 ⑧

유형 2 틀린 곳 찾기

1 ⓒ   2 ⑪   3 ⑧   4 ⓒ   5 ⑧   6 ⓒ   7 ⑪   8 ⓒ   9 ⑥   10 ⑧   11 ⑪   12 ⑧   13 ⑥
14 ⓒ

동명사와 부정사 **10**

- 동명사와 부정사는 동사에서 파생된 준동사(Semi-verb)이다.
- 준동사는 동사적 성질을 가지면서 명사나 형용사, 부사 기능을 한다.

동명사

동사＋ing : 동사적 성질을 가지면서 주로 명사적 용법으로 쓰인다.

Step 28 :: 동명사의 명사적 성질

동명사는 주어·보어·목적어 자리에 놓여 명사가 하는 역할을 한다.

1 주어 역할

▶ Traveling broadens the mind.

↪ 여행을 히면 식견이 넓어진다.

▶ Developing good language skills is a key for success.

↪ 좋은 언어 기술을 기르는 것은 성공의 열쇠이다.

2 보어 역할

▶ Her only fault is sleeping late in the morning.

↪ 그녀의 유일한 결점은 아침에 늦게까지 자는 것이다.

▶ Her hobby is reading historical novels.

↪ 그녀의 취미는 역사소설을 읽는 것이다.

3 목적어 역할

동사·전치사·형용사의 목적어로 동명사가 쓰인다.

▶ I don't like <u>going</u> for a walk in the rain.

→ 나는 비를 맞으며 산책하는 것을 좋아하지 않는다.

▶ Don't put off <u>going</u> to the dentist.

→ 치과에 가는 것을 미루지 마라.

▶ The doctor insisted on <u>operating</u> as soon as possible.

→ 의사는 가능하면 빠른 시일 내에 수술을 해야 한다고 주장했다

▶ The Bible is worth <u>reading</u>.

= It is worth <u>reading</u> the Bible.

= It is worth while <u>to read</u> the Bible.

→ 성경은 읽을 가치가 있다.

4 복수형을 만들며 소유격이 있다.

▶ <u>Our comings and goings</u> are frequent.

→ 우리들의 왕래는 빈번하다.

5 원칙적으로 관사를 쓰지 않고 수식을 받을 때만 관사를 붙인다

▶ The <u>singing</u> of carols is an ancient Christmas custom.

→ 캐럴을 부르는 것은 예부터 내려오는 크리스마스 관습이다.

Step 29 :: 동명사의 동사적 성질

• 동명사는 원래 동사에서 파생된 준동사이므로 그 동작·상태의 주체를 나타내는 의미상의 주어와 시제, 태를 가지는 등 동사적 성질을 가진다.
• 의미상의 주어가 동명사의 동사 부분에 대해 주어 역할을 한다.

01_ 동명사의 의미상 주어

1 명시하지 않는 경우

① 의미상의 주어가 일반적인 사람을 나타내는 경우.

▶ <u>Seeing</u> is <u>believing</u>.

→ 백문이 불여일견이다.

▶ <u>Knowing</u> is one thing, <u>teaching</u> is another.

→ 아는 것과 가르치는 것은 다르다.

② 의미상의 주어와 주절의 주어와 같은 경우.

▶ I stayed in bed all day instead of <u>going</u> to work.

→ 나는 일하러 가는 대신에 하루 종일 침대에 누워있었다.

▶ We have considered <u>selling</u> our house.

→ 우리는 집을 팔 것을 고려했다.

❷ 명시하는 경우

① 대명사가 동명사의 의미상의 주어가 될 때에는 소유격으로 표시한다.

▶ He was proud of <u>her winning</u> first prize.

→ 그는 그녀가 일등상을 탄 것을 자랑스럽게 여겼다.

▶ On <u>our arriving</u> at the destination, he was taken ill.

→ 우리가 목적지에 도착했을 때 그는 병이 났다.

② 부정대명사가 의미상의 주어일 때는 소유격으로 하지 않는 것이 일반적이다.

▶ I don't know of <u>any having</u> done so.

→ 나는 누가 그런 일을 했는지 모른다.

③ 무생물 명사가 의미상의 주어일 때는 목적격으로 나타낸다.

▶ In spite of <u>the sun shining</u>, the air was cold.

→ 햇빛이 비치고 있는데도 공기는 차가웠다.

02__ 동명사의 시제와 태

❶ 동명사의 형태

	능동태	수동태
단순시제	speaking	being spoken
완료시제	having spoken	having been spoken

❷ 동명사의 시제

① 단순동명사 : 동사 + ing

원칙적으로 주절의 동사 시제와 같은 시제를 표현.

▶ He is proud of <u>his son being</u> a famous writer.

= He <u>is</u> proud that his son <u>is</u> a famous writer.

→ 그는 그의 아들이 유명한 작가인 것을 자랑스럽게 생각하고 있다.

(술어 동사 시제와 동일)

* remember, forget + 동명사 = 과거시제

▶ I remember meeting him somewhere.

= I remember that I met him somewhere.

→ 나는 어딘가에서 그를 만났던 것을 기억한다.

② 완료동명사 : having + ~ing

주절의 동사 시제보다 앞선 시제를 나타낼 때 사용.

▶ He repents of having been idle in his youth.

= He repents that he was idle in his youth.

→ 그는 젊은 시절에 게으르게 산 것을 후회한다.

3 동명사의 태

① 수동형 : being + P.P.

▶ I like reading.

→ 나는 독서를 좋아한다. (능동형)

▶ What is the use of being praised?

→ 칭찬 받는 것이 무슨 소용이 있는가? (수동형)

② bear · deserve · need, · require · stand · want + ~ing = 수동

▶ The garden wants weeding.

= The garden wants to be weeded.

→ 정원에 제초를 해야 겠다.

▶ The expression doesn't bear translating.

= The expression cannot be translated at all.

→ 그 표현은 전혀 번역이 되지 않는다.

③ worth · worthy of · past + ~ing = 수동

▶ This book is worth reading.

→ 이 책은 읽을 가치가 있다.

03_ 전치사 + 동명사(ing)

▶ I'm looking forward to seeing him.

→ 나는 그를 만나기를 고대하고 있다. (목적어)

▶ He was proud of being a winner.

→ 그는 우승자가 된 것을 자랑스럽게 여겼다. (보어)

Step 30 :: 동명사를 수반하는 동사

01__ 동명사를 목적어로 취하는 주요 동사

• finish	• enjoy	• mind
• object	• avoid	• risk
• deny	• admit	• postpone
• delay	• keep	• forgive
• quit	• excuse	• appreciate
• suggest	• consider	• miss

▶ He could not avoid laughing.

→ 그는 웃지 않을 수 없었다.

▶ He denied having been there the day before yesterday.

→ 그는 그저께 그곳에 있었던 것을 부인했다.

02__ 부정사나 동명사를 목적어로 취하는 동사 : 의미가 달라지는 경우

1 remember · forget · regret + 동명사 (~ing) = 과거시제

remember · forget · regret + 부정사 (to + 원형) = 미래시제

▶ I remember seeing her wearing a dress just like that.

= I remember that I saw her wearing a dress just like that.

→ 나는 그녀가 저것과 꼭 같은 옷을 입고 있었던 것을 기억한다.

▶ Please remember to wake me up at 5.

→ 5시에 잊지 말고 나를 깨워주세요.

▶ I shall never <u>forget seeing</u> the Queen.

→ 나는 그 여왕을 뵌 것을 결코 잊지 못할 것이다.

▶ Don't <u>forget to</u> post the letter.

→ 편지 부칠 것을 잊지 마라.

2 **try + 동명사** : 시험삼아 ~해보다

try + 부정사 : ~하려고 하다

▶ They <u>tried to</u> put wire netting all round the garden.

→ 그들은 정원 주위에 모두 철망을 치려고 했다.

▶ They <u>tried putting</u> wire netting all round the garden.

→ 그들은 정원 주위에 모두 철망을 쳐봤다.

동명사의 관용적 용법

1 It is no use ~ ing : ~해도 소용이 없다

= There is no use (in) ~ ing

= What is the use of ~ ing?

▶ <u>It is no use crying</u> like a baby.

= <u>There is no use (in) crying</u> like a baby.

= <u>What is the use of crying</u> like a baby?

→ 어린애처럼 울어도 소용없다.

2 It goes without saying that ~ : ~은 말할 필요도 없다

= It is needless to say that ~

= It is evident that ~

= It is obvious that ~

▶ It goes without saying that health is above wealth.

= <u>It is needless to say that</u> health is above wealth.

→ 건강이 재산보다 더 중요하다는 것은 말할 필요도 없다.

3 make a point of ~ ing : ~ 하기로 하고 있다

= make it a rule to ~

▶ I <u>make a point of getting up</u> early.

= I <u>make it a rule to get up</u> early.

= I'<u>m in the habit of getting up</u> early.

→ 나는 일찍 일어나는 것을 규칙으로 하고 있다.

4 never (= cannot) + 동사 + without + ~ing : ~하면 반드시 ~한다

= never (= cannot) + 동사 + but + 원형

= whenever + 주어 + 동사

▶ I <u>never</u> see this picture <u>without thinking</u> of her.

= <u>Whenever</u> I see this picture, I <u>think</u> of her.

→ 나는 이 사진을 볼 때마다 그녀가 생각난다.

5 be busy (in) ~ing : ~하느라 바쁘다

= be busy with + 명사

▶ He <u>is busy in preparing</u> for the examination.

→ 그는 시험 준비를 하느라 바쁘다.

6 spend + time + (in) ~ing : ~하는 데 시간을 보내다

spend + money + (in) ~ing : ~하는 데 돈을 쓰다

▶ He will <u>spend</u> the rest of his life <u>reading and writing</u>.

→ 그는 여생을 독서와 저작활동을 하며 보낼 것이다.

7 feel like ~ing : ~하고 싶은 마음이다

= feel inclined to

▶ I <u>felt like crying</u> to hear the news that he died.

= I <u>felt inclined to cry</u> to hear the news that he died.

→ 그가 죽었다는 소식을 듣고 울고 싶었다.

8 cannot help ~ing : ~하지 않을 수 없다

= cannot but + 원형

▶ We <u>cannot help judging</u> of a person by his appearance.

= We <u>cannot but judge</u> of a person by his appearance.

→ 우리는 사람의 용모로 사람을 판단하지 않을 수 없다.

9 be on the point (= brink, verge, edge) of ~ing : ~하려는 참이다

= be about to + 원형

▶ She <u>is on the point of making</u> a decision.

= She <u>is about to make</u> a decision.

→ 그녀는 막 결정을 내리려는 참이다.

10 of one's own ~ing : 누가 직접 ~한

▶ She gave me a picture <u>of her own painting</u>.

= She gave me a picture <u>(which he had) painted himself</u>.

→ 그녀는 내게 자신이 직접 그린 그림을 주었다.

11 on ~ing (upon ~ing) : ~하자마자

= as soon as + 주어 + 동사

= The moment 주어 + 동사

= The instant + 주어 + 동사

▶ <u>On hearing</u> the news, she almost fainted.

= <u>As soon as</u> she <u>heard</u> the news, she almost fainted.

→ 그녀는 그 소식을 듣자마자 거의 기절할 뻔했다.

● **빈출 동명사의 관용구**

- be accustomed to -ing : ~에 익숙해지다
- be used to -ing : ~에 익숙해지다
- object to -ing : ~에 반대하다
- look forward to -ing : ~을 기대하다
- fall to -ing : ~에 빠져들다
- have difficulty -ing : ~에 어려움을 겪다
- keep on -ing : ~을 계속하다
- be devoted to -ing : ~에 몰두하다
- when it comes to -ing : ~에 관해 말할 때

부정사

to + 동사원형: 동사의 성질을 가지면서 명사·형용사·부사가 하는 역할을 수행한다.

Step 31 :: 부정사의 명사적 용법

문장에서 주어, 주격보어, 목적격보어, 형용사보어, 목적어 등으로 쓰인다.

1 주어 역할

▶ To be or not to be is a question.

↳ 죽느냐 사느냐 그것이 문제로다.

▶ It is not easy to master a foreign language.

↳ 외국어에 정통하는 것은 쉬운 일이 아니다.

2 보어 역할

▶ My plan is to go to the United States of America to study economics.

↳ 나의 계획은 경제학을 공부하기 위해 미국에 가는 것이다.

3 목적어 역할

▶ I found it easy to read this book.

↳ 나는 이 책이 읽기 쉽다는 알았다.

▶ I make it a rule to take breakfast at seven.

↳ 나는 언제나 아침 7시에 아침식사를 한다.

4 의문사 + to 부정사의 명사적 용법

▶ How to do it is the question.

↳ 그 일을 하는 방법이 문제이다. (주어)

▶ The question is which way to take.

↳ 문제는 어떤 길을 택하느냐 하는 것이다. (보어)

▶ I don't know how to swim.

↳ 나는 수영하는 방법을 모른다. (동사의 목적어)

▶ I'm at a loss as to what to do.

→ 나는 무엇을 해야 할지 어찌할 바를 몰랐다. (전치사의 목적어)

Step 32 :: 부정사의 형용사적 용법

01_ 한정적 용법

▶ He is the very man <u>to do</u> this work.

→ 그가 바로 이 일을 할 사람이다.

▶ He is not a man <u>to betray</u> us.

→ 그는 우리를 배신할 사람이 아니다.

▶ There are many sights <u>to see</u> in Seoul.

→ 서울에는 볼 만한 것이 많다.

02_ 서술적 용법

■ 주격보어

appear	chance	come	
happen	look	prove	**+ to 부정사**
seem	turn out		

▶ I happened <u>to meet</u> him.

→ 나는 우연히 그를 만났다.

▶ He appears <u>to be</u> out of sorts.

→ 그는 기분이 안 좋아 보인다.

2 목적격보어

consider	believe	imagine	
guess	find	know	**+ 목적어 + to 부정사**
prove	cause		

▸ They <u>think</u> her <u>to be</u> honest.

= She <u>is thought to be</u> honest.

= <u>It is thought that</u> she is honest.

→ 그녀는 정직하다고 생각된다.

▸ The rain <u>caused</u> the weeds <u>to grow</u> fast.

→ 비가 와서 잡초가 빨리 자랐다.

Step 33 :: 부정사의 부사적 용법

1 **목적 :** ~하기 위하여

▸ He went to America <u>to learn</u> English.

= He went to America <u>in order to</u> / <u>so as to</u> learn English.

→ 그는 영어를 배우기 위해 미국에 갔다.

▸ We eat <u>to live</u>, not live <u>to eat</u>.

→ 우리는 먹기 위해서 사는 것이 아니라 살기 위해서 먹는 것이다.

2 **결과 :** 결과적으로 ~하다

▸ He worked so hard as <u>to pass</u> the entrance exam.

= He worked <u>so</u> hard <u>that</u> he passed the entrance exam.

→ 그는 열심히 공부해서 입학시험에 합격했다.

3 **원인 :** ~해서, ~하니

① 감정동사 (smile · regret · weep · grieve) + to 부정사

   ▸ I'<u>m sorry to hear</u> that you have been ill so long.

   → 그렇게 오래 앓으셨다니 유감입니다.

② 감정형용사 (sorry · glad · happy · surprised · pleased · delighted) + to 부정사

   ▸ He cannot be a gentleman <u>to do</u> such a thing.

   → 그런 일을 하다니 그는 신사일 리가 없다.

4 **양보 · 조건 :** ~에도 불구하고, 만약 ~한다면

▸ <u>To see</u> it, you would not believe it.

→ 네가 그것을 본다 해도 믿지 못할 것이다.

▶ <u>To hear</u> him speak English, you would think him an Englishman.

→ 그가 영어로 말하는 것을 들으면 너는 그를 영국인으로 여길 것이다.

5 독립부정사

문장에 삽입되어 일부 구 또는 문장 전체를 독립적으로 수식한다. 보통 조건·양보의 뜻을 나타낸다.

- so to speak : 말하자면
- to tell the truth = to be frank with you = to be honest : 솔직히 말해서
- to be short : 한마디로
- not to say : ~은 아닐지라도
- to be sure : 확실히
- not to speak of = not to mention = to say nothing of : ~은 말할 것도 없고
- needless to say : 말할 나위도 없이
- to make the matter worse : 설상가상으로

▶ He is, <u>so to speak</u>, a walking dictionary.

= If we were to speak, he is a walking dictionary.

→ 그는 말하자면 걸어 다니는 사전이다.

▶ He can't afford to buy the ordinary comforts of life, <u>not to speak of</u> luxuries.

→ 그는 사치품은 말할 것도 없고 생필품도 살만한 여유가 없다.

Step 34 :: 부정사의 동사적 성질

부정사는 원래 동사에서 파생된 준동사이므로 의미상의 주어와 시제, 태를 가지는 등 동사적 성질을 가진다.

01_ 부정사의 의미상 주어

1 for + 의미상 주어 + to 부정사 : 일반적인 경우.

▶ It was impossible <u>for us</u> to get across the river

→ 우리가 그 강을 건너는 것은 불가능했다.

▶ He stood aside <u>for her</u> to enter the room.

= He stood aside <u>so that she</u> could <u>enter</u> the room.

→ 그는 그녀가 방으로 들어갈 수 있도록 옆으로 비켜섰다.

2 of + 의미상 주어 + to 부정사 : 사람의 행위에 대한 주관적 평가 형용사 뒤에.

It is	nice	careful	kind	wise	} + of + 의미상 주어 + to 부정사
	clever	foolish	silly	stupid	
	brave	selfish	bad	rude	
	careless				

▶ It's very kind <u>of you</u> to invite me.

→ 초대해 주셔서 대단히 고맙습니다.

▶ It is rude <u>of you</u> to keep us waiting.

→ 우리를 계속 기다리게 하다니 무례하구나.

02_ 부정사의 시제와 태

1 부정사의 형태

	능동태	수동태
단순시제	to speak	to be spoken
완료시제	to have spoken	to have been spoken

2 부정사의 시제

① 단순부정사 : `to + 원형`

• 동사와 같은 시제

`seem · look · appear · be said · be thought · be supposed + to`

▶ She <u>appears to</u> be very happy.

→ 그녀는 아주 행복해 보인다. (같은 시제)

• 동사보다 미래의 시제(미래의 의지, 희망, 기대 등을 나타낸다)

`want · wish · hope · expect · intend · promise + to`

▶ He <u>expects to </u>be back on Sunday.

= He <u>expects that</u> he <u>will be</u> back on Sunday.

↳ 그는 일요일에 돌아올 예정이다. (미래시제)

② 완료부정사 : to have + P.P.

동사의 시제보다 앞서 일어난 동작이나 상태를 나타낸다.

▶ He appears <u>to have been</u> very happy.

= It <u>appears that</u> he <u>was</u> / <u>has been</u> very happy.

↳ 그는 아주 행복했던 것처럼 보인다.

③ 완료부정사의 주의할 용법

기대·희망동사, be동사의 과거형 + to + have + P.P. = had + P.P. + to + 원형

기대·희망동사 : hope · expect · wish · intend · want · promise

과거에 일이 실현되지 않았음을 나타낸다(had + P.P. 형을 많이 씀).

▶ I <u>had hoped</u> to write a line to you.

↳ 너에게 몇 자 적어 알려주려고 했는데 하지 못했다.

▶ We <u>hoped to have finished</u> the work by the evening.

= We <u>had hoped to finish</u> the work by the evening.

↳ 우리는 저녁때까지 그 일을 마치려고 했지만 그렇게 못했다.

▶ I <u>was to have started</u> the work last week.

↳ 나는 지난주에 그 일을 시작할 예정이었지만 그렇게 하지 못했다.

3 부정사의 수동태 : to + be + P.P.

▶ Whether they win the game remains <u>to be seen</u>.

↳ 그들이 경기에서 승리 할 지의 여부는 두고 볼 일이다.

▶ The boy is <u>to be congratulated</u>.

↳ 그 소년은 축하받아야 한다.

부정사를 동반하는 동사

1 부정사를 목적어로 취하는 주요 동사

• seem : ~처럼 보이다

• consent : 동의하다

• promise : 약속하다

• agree : 동의하다

- refuse : 거절하다
- endeavor : 노력하다
- fail : 실패하다
- hope : 희망하다
- decide : 결심하다
- undertake : 착수하다
- arrange : 준비하다
- regret : 후회하다
- attempt : 시도하다
- care : 좋아하다
- hesitate : 주저하다
- determine : 결정하다
- manage : 이럭저럭 ~하다
- cease : 중지하다

▶ He promised to be here tonight.
↪ 그는 오늘 밤 여기에 오기로 약속했다.
▶ We hope to start tomorrow.
↪ 우리는 내일 출발하고 싶다.

② 부정사를 목적어 · 목적격 보어로 취하는 주요 동사

- want : 원하다
- prefer : 선호하다
- help : 돕다
- beg : 요구하다
- dare : 감히 ~하다
- promise : 약속하다
- like : 좋아하다
- ask : 요구하다
- expect : 기대하다
- mean : 의도하다
- get : ~하도록 시키다

▶ He wants to go to Italy.
↪ 그는 이탈리아에 가고 싶어한다.
▶ He wants me to go to Italy.
↪ 그는 내가 이탈리아에 가기를 바란다.

③ 부정사를 목적격 보어로 취하는 주요 동사

- tell : 말하다
- invite : 초대하다
- allow : 허락하다
- order : 명령하다
- compel : 강제로 ~하다
- permit : 허락하다

- warn : 경고하다
- advise : 충고하다
- forbid : 하도록 만들다
- enable : ~할 수 있게 하다
- force : 강요하다
- remind : 상기시키다

- urge : 촉구하다
- get : ~하도록 시키다
- cause : 야기하다
- encourage : 고무시키다
- persuade : 설득하다

▶ The doctor advised me to stop smoking.

→ 의사는 내게 담배를 끊으라고 충고했다.

▶ President Jefferson appointed him to lead the expedition into Louisiana.

→ 제퍼슨 대통령은 그를 루이지애나 탐험을 이끌도록 임명했다.

4 원형부정사를 목적격 보어로 취하는 주요 동사

① 지각동사

see · feel · hear · watch · notice · behold · observe · look at · listen to

▶ I heard her sing on the stage.

→ 나는 그녀가 무대 위에서 노래 부르는 것을 들었다.

② 사역동사

make · let · have · bid

▶ I made him write a letter of apology.

→ 나는 그에게 사과 편지를 쓰게 하였다.

단, help는 목적격 보어로 원형부정사와 to 부정사 모두 쓸 수 있다.

▶ He helped me (to) push the car.

→ 그는 내가 차를 미는 것을 도와주었다.

TIP...

지각동사와 사역동사가 수동태로 쓰인 경우에는 to 부정사를 써야 한다.

▶ She was heard to sing on the stage.

→ 그녀가 무대에서 노래 부르는 소리가 들렸다.

▶ He was made to write a letter of apology by me.

→ 나는 그에게 사과 편지를 쓰게 하였다.

---

5 원형부정사를 동반하는 주요 동사

① **had better · would rather · had rather + 원형** : ~하는 편이 좋다

▶ You'd <u>better hurry up</u> if you want to get home before dark.

→ 어두워지기 전에 집에 가려면 서두르는 것이 좋다.

② **cannot but + 원형** : ~하지 않을 수 없다

③ **do nothing but + 원형** : ~하기만 하다

▶ She <u>does nothing but worry</u> every day.

→ 그녀는 매일 걱정만 한다.

6 부정사 앞에 형용사를 수반하는 부정사

- be ready to : ~할 준비가 되어 있다
- be willing to : ~하려고 한다
- be likely to : ~할 것 같다
- be able to : ~할 수 있다

▶ Apple are ready to be processed into apple juice.

→ 사과는 사과 주스로 가공될 준비가 되어 있다.

▶ They are willing to accept the offer.

→ 그들은 그 제안을 받아들이려고 하고 있다.

7 It (가주어) + is + 형용사 + (for + 목적어) + to + 부정사 (진주어)

▶ It is (necessary, possible, impossible, natural, convenient, hard, easy, difficult) for us to do so.

→ 우리가 그렇게 하는 것은 ~하다.

실전문제

유형 **1** 문장완성

He asked me _____ to the movies this afternoon.
(A) going   (B) go
(C) to going   (D) to go

ask는 「목적어 + to부정사」를 취하는 동사이다. **답** D

---

01 _____ raw materials into useful products is called manufacturing.

(A) Transform   (B) Transforming
(C) Being transformed (D) When transforming

동명사가 주어부를 이끄는 문장. 《원료를 유용한 상품으로 변형시키는 것은 생산이라고 불린다.》

---

02 _____ accurate records has never been questioned by anyone.

(A) His keeping   (B) If he keeps
(C) He keeps   (D) Because he keeps

동명사가 주어로 쓰인 문장. his는 동명사의 의미상의 주어.

---

03 He had waited for hours with the sick baby, only _____ that the hospital did not have the necessary medicines in stock.

(A) discovered   (B) to discover
(C) discovering   (D) having discovered

결과를 나타내는 준동사는 부정사. 동사구 had waited fo에 대한 결과를 나타내는 경우 「only to부정사」로 나타낼 수 있다.

---

04 It is difficult _____ a foreign text literally because we cannot capture the connotations of the original passage exactly.

(A) for translating   (B) that translating
(C) for us translating (D) to translate
(E) to be translated

빈 칸에는 진주어가 필요하다. 동명사구도 진주어가 될 수 있지만 (C)는 의미상 주어가 잘못 쓰여져 있다.

---

05 I am writing with a view————— out whether you have any news about my son.

(A) finding   (B) to finding

(C) for finding   (D) to find

with a view to ing = for the purpose of ing(~할 목적으로).

06 I remember————— for the job, but I forget the exact amount.

(A) to be paid   (B) that I receive pay

(C) get paid   (D) being paid

과거의 일을 나타내므로 동명사를 써야 타당하다. 《그 일의 보수를 받았던 것으로 기억하지만 정확한 액수는 기억 안 난다.》

07 Most Koreans do object—————them by their first name.

(A) me calling   (B) to my calling

(C) that I call   (D) that I am all

(E) for calling

object to ing = be opposed to ing = make an objection to ing(~에 반대하다).

08 The brakes need —————.

(A) adjusted   (B) to adjust

(C) to adjustment   (D) adjusting

타동사의 목적어로 쓰인 능동형 동명사가 수동 의미로 쓰일 수 있다. want, need, deserve, can't bear + ing (=to be pp)에서 단순 동명사는 수동의 의미를 지닌다.

09 What he said is worth ————— in mind.

(A) keeping   (B) to keep

(C) to be kept   (D) to keeping

be worth ing 구문. 《그가 말한 것은 명심할 필요가 있나.》

10 The dwindling tribes finally decided —————their ancestral land and to look for a new place to live in.

(A) to have left   (B) to leave

(C) leaving   (D) having left

decided는 '앞으로의 할 일을 정하다' 란 의미의 타동사로 미래의 구체적 사실을 나타내는 부정사가 목적어로 쓰인다. (A)는 시제가 부적절.

11 The Olympic authorities permitted women ————— in track and field events in the 1928 Winter Games.

(A) to be taken part   (B) taking prat

(C) to take part   (D) for taking

허락, 금지를 나타내는 동사는 목적격 보어로 to부정사를 취한다. 목적어로 쓰인 명사구가 부정사의 의미상의 주어이다.

유형 2 틀린 곳 찾기

Mary is(A) very interested(B) in learn(C) more about(D) British history.

전치사 in 다음에는 동명사가 와야 한다. 답 C

01 In reorganization(A) the curriculum of Mt. Holyoke College in(B) the late(C) 1800's, Elizabeth Mead laid the foundation on which the modern(D) college rests.

전치사의 목적어와 타동사의 목적어로 쓰일 수 있는 준동사는 동명사.

02 A major issue(A) at the Constitutional Convention of 1787 was the decision(B) concerning the manner of election(C) the President(D).

명사 election은 목적어를 취할 수 없으므로 목적어를 취할 수 있는 동명사가 타당하다.

03 Many(A) owners of color television sets have had(B) a difficult time to find(C) qualified(D) repairmen.

「have + 형용사 + time + in ing」.

04 Abraham Lincoln, the president(A) during(B) the Civil War, was responsible for elimination(C) slavery from America.(D)

elimination slavery는 의미상 복합명사를 만들 수 없다. 전치사의 목적어와 타동사의 목적어로 쓰일 수 있는 동명사로 고쳐야 타당하다.

05 You said that(A) you would(B) stick to the topic, but keep to introduce(C) extraneous(D) issues.

keep to ~ing(~을 고수하다).

06 I was sitting in a restaurant quietly having a meal when
(A)   (B)

suddenly a man nearby started to choking on a piece of
           (C)   (D)

food he'd swallowed.
       (E)

start는 to부정사와 동명사를 모두 목적어로 취한다. 《식사를 하면서 조용히 식당에 앉아 있었는데, 별안간 부근의 한 사람이 자신이 삼킨 음식 한 조각에 목이 메이기 시작했다.》

07 Dissuading Mrs. McGinnis to be seated, the chairman of
(A)   (B)

the committee on Indian Affairs asked her not to
        (C)

foul up their plan.
    (D)

「dissuade A from B」(A로 하여금 B를 하지 못하게 하다). 《인도 문제 위원회의 위원장은 Mrs. McGinnis로 하여금 자리에 앉지 못하게 하고는 자신들의 계획을 막지 말 것을 그녀에게 요구했다.》

08 Reading is the act of interpreted printed and written words.
(A)   (B)   (C)   (D)

「the + 추상명사 + of ing」의 형태. printed 이하는 interpreting의 의미상의 목적어 역할을 하는 명사구.

09 Some of the questions that scholars ask seem to the world
                (A)

to be scarcely worth being asked, let alone answering.
    (B)   (C)   (D)

worth의 목적어로 수동태 동명사는 올 수 없다. 《학자들이 물어보는 질문 중의 일부는 답변은 고사하고 물어볼 가치도 거의 없는 것으로 세상 사람들에게는 보인다.》

10 On seen the damage he had done, the child felt ashamed
   (A)   (B)   (C)

and didn't know what to do later.
             (D)

과거분사는 형용사 역할을 하므로 전치사의 목적어로 쓰일 수 없다. 전치사의 목적어와 타동사의 목적어로 쓰일 수 있는 준동사는 동명사.

11 The function of Louis Sullivan's architecture was providing
                                   (A)

large uninterrupted floor areas and to allow ample light
     (B)

into the interior.
(C)   (D)

and 이하의 병치구조를 이루고 있는 to allow로 보아 (A)는 구체적인 사실을 나타내어 주격 보어로 쓰이는 부정사로 바꾸어야 한다.

157

12 The purpose of inductive logic is to inferring general laws
     (A)   (B)   (C)

from particular occurrences.
         (D)

> 본 문제에서 보어가 될 수 있는 것은 명사적 용법의 부정사이다. 《귀납법의 목적은 특별한 사건들에서 일반적인 법칙을 추론하자는 데 있다.》

13 Hoping to distract me from my grief, my college-age
   (A)   (B)   (C)

grand-daughter and her friend invited me go to the movies
                               (D)   (E)

with them.

> 「invite + 목적어 + to부정사」 구문. 《나의 슬픈 마음에 위안을 주기를 바라는 대학 다니는 손녀와 그녀의 친구가 그들과 함께 영화관에 갈 것을 간청했다.》

14 He awake in finding himself lying in a strange room.
     (A)   (B)

But he soon found, from the slant of the ceiling, that he
                  (C)

was in an attic of an old building.
       (D)

> 이미 이루어진 행위 이후에 결과가 나타낸다. 잠이 깨어 알게 된 사실이므로 (A)를 awoke to find로 고쳐야 타당하다.

15 To get some information on the economic problems,
   (A)   (B)   (C)

it should read this book.
(D)

> to get의 의미상 주어는 일반인. 《경제 문제에 관한 지식을 좀 얻으려면 이 책을 읽어야 한다.》

16 If biennial plants are planted in this region, they will be
               (A)   (B)

like to bloom next year.
  (C)   (D)

> be likely to부정사 : ~할 것 같은

17 The employer should not let any workers who must handle
                        (A)   (B)

radioactive material to enter contaminated area without
              (C)   (D)

protective clothing.

> 사역동사는 목적격 보어로 원형부정사를 취한다.

18 I had hoped to have learned French before my trip to Paris,
            (A)   (B)

but I did not have any extra money for a course.
     (C)   (D)

소망동사가 과거완료형이므로 단순부정사를 취한다. 《나는 파리 여행을 떠나기 전에 프랑스어를 배우고 싶었지만, 수강을 위한 어떤 여분의 돈도 없었다.》

19 It is difficult to do generalizations about the characteristics
             (A)   (B)

of modern music because of the variety of existing styles.
    (C)   (D) (E)

「It + 불완전 자동사 + 보어 + to 부정사」 구문. 《현대 음악에 관한 특성을 일반화시킨다는 것은 그 존재 양식의 다양성 때문에 어렵다.》

20 For overcoming the stiffness of his legs, James regularly
        (A)   (B)

took long hikes on Mount Adams, the great peak of
    (C)   (D)

the Cascades.
   (E)

'~하기 위하여' 라는 목적 표시 부사구는 「for + 동명사」가 아니라 to부정사를 쓴다. 《James는 그의 다리가 경직되는 것을 극복하기 위하여, Cascade 산맥의 거봉인 Adams산으로 원거리 도보 여행을 규칙적으로 하였다.》

유형 1 문장완성

1 ⓑ 2 ⓐ 3 ⓑ 4 ⓓ 5 ⓑ 6 ⓓ 7 ⓑ 8 ⓓ 9 ⓐ 10 ⓑ 11 ⓒ

유형 2 틀린 곳 찾기

1 ⓐ 2 ⓒ 3 ⓒ 4 ⓒ 5 ⓒ 6 ⓓ 7 ⓑ 8 ⓑ 9 ⓒ 10 ⓐ 11 ⓐ 12 ⓒ 13 ⓓ

14 ⓐ 15 ⓓ 16 ⓒ 17 ⓒ 18 ⓐ 19 ⓐ 20 ⓐ

PARTICIPLE
분사

11

Step 35 :: 분사의 한정적 용법

- 명사의 앞뒤에 놓여 명사를 수식하며 단독으로 쓰일 때는 명사 앞에 위치한다.
- 보어 또는 목적어를 취하거나 부사의 수식을 받을 때는 명사 뒤에 놓인다.

01_ 현재분사 : 동사원형 + ~ing
동작이나 진행, 그리고 능동의 의미를 갖는다.

❶ 명사 앞에 수식하는 경우
▶ There is a fascinating movie at the theater tonight.

→ 오늘밤 극장에서 멋진 영화가 상영된다.

▶ They thought that it had been a very satisfying dinner.

→ 그들은 매우 만족스러운 저녁식사였다고 생각했다.

❷ 명사 뒤에서 수식하는 경우 : 분사가 목적어, 보어, 수식어구를 동반할 때.
▶ The people attending the meeting expressed concern about the lack of

interest.

→ 회의에 참석한 사람들은 관심 부족에 대한 우려를 나타냈다.

02_ 과거분사
- 「동사 -ed」형이나 불규칙 동사의 과거분사형(P.P.)을 취한다.
- 상태나 완료, 그리고 수동의 의미를 갖는다.

▶ The teacher gave a quiz on the just completed lesson.

→ 선생님이 방금 끝난 수업 내용에 대한 퀴즈를 냈다.

▶ The retired general was warmly welcomed.

→ 그 퇴역 장군은 따뜻하게 환영받았다. (완료의 의미)

Step 36 :: 분사의 서술적 용법

01_ 주격보어

감정을 나타내는 동사의 분사형 : surprise, exite, please, satisfy, disappoint, bore 등

1 사람 + 과거분사

▶ The students was bored.

→ 학생들은 지루해 했다.

▶ We were disappointed at the results.

→ 우리는 그 결과에 실망했다.

2 사물 + 현재분사

▶ The game was boring.

→ 그 게임은 지루했다.

▶ The results were disappointing to us.

→ 그 결과는 우리에게 실망스러웠다.

02_ 목적격보어

1 현재분사

목적어가 분사의 능동적 · 진행적 · 동작적 관계.

▶ We found her crying as silent as she could.

→ 우리는 그녀가 할 수 있는 한 조용하게 울고 있다는 것을 알게 되었다.

▶ I won't have you smoking at your age.

→ 나는 네가 네 나이에 담배를 피우게 하지 않을 것이다.

❷ 과거분사

목적어가 분사의 수동적 관계.

① 불완전 타동사 + 목적어 + 과거분사

▶ I saw a dog caught in a trap.

→ 나는 어떤 개가 덫에 걸려 있는 것을 보았다.

▶ I have never heard "the Moonlight Sonata" played.

→ 나는 "Moonlight Sonata"가 연주되는 것을 들어본 적이 없다.

② have/ get + 목적어 + 과거분사

▶ I had/ got the house painted.

→ 집에 페인트칠을 하게 했다.

▶ The pilot had/ got his plane hijacked.

→ 그 비행사는 비행기를 납치당했다.

Step 37 :: 분사구문

01_ 분사구문의 형태

❶ 현재 분사가 이끄는 분사구문

능동의 의미를 갖고, 주어를 설명한다.

▶ <u>Originating</u> in the southern and midwestern United States, <u>the music</u> reached its classic form in the 1890s.

= After the music originated in the southern and midwestern United States, ~

→ 미국의 남부와 중서부에서 시작된 그 음악은 1890년대에는 클래식 형식을 갖추었다.

② 과거 분사가 이끄는 분사구문

수동의 의미를 갖고 주어를 설명한다.

▶ <u>Encouraged</u> by her tutor, <u>Helen Keller</u> went on to graduate from Radcliffe College.

= Because Helen Keller encouraged by her tutor,~

→ 교사로부터 용기를 얻은 헬렌 켈러는 래드클리프 대학을 졸업하게 되었다.

02_ 분사구문의 용법

❶ 시간

분사가 시간의 부사절로 설명되며, 접속사는 when, while, as, since, after 등의 의미를 준다.

▶ <u>Seen</u> under a microscope, a fresh snowflake has a delicate six-pointed shape.

= <u>When</u> a fresh snowflake is seen under a microscope, it has a delicate six-pointed shape.

→ 현미경으로 보면, 눈송이는 아주 가느다란 육각형의 모양을 하고 있다.

▶ <u>Arriving</u> at the station, I found the train just going out.

= <u>When</u> I arrived, I found the train just going out.

→ 역에 도착했을 때, 나는 기차가 막 떠나고 있는 것을 보았다.

❷ 이유

분사가 이유를 나타내는 부사절로 해석되며, 접속사는 as, since, because 등으로 설명한다.

▶ <u>Being tired</u>, I went to bed early.

= <u>As</u> I was tired, I went to bed early.

→ 나는 피곤해져서, 일찍 잠자리에 들었다.

❸ 조건

분사가 조건을 나타내는 부사절로 해석되며, 접속사는 if로 설명된다.

▶ <u>Knowing</u> of your arrival, I would have met you.

= <u>If</u> I had known of your arrival, I would have met you.

→ 내가 당신의 도착을 알았더라면, 나는 너를 만났을 텐데.

4 양보

분사가 양보절로 해석되며, 접속사는 though, although, even if, whether 등으로 해석된다.

▶ Testified or not, it is a fact.

= Whether it is testified or not, it is a fact.

→ 입증이 되든 안되든, 그것은 사실이다.

▶ Admitting what you say is true, I still don't believe it.

= Though I admit what you say, I still don't believe it.

→ 네가 말한 것이 사실로 받아지더라도, 나는 그것을 여전히 믿을 수 없다.

5 부대상황

분사가 주절의 동사와 동시적으로 나타나며 접속사는 and, while 을 사용한다.

▶ Opening the drawer, he took out a gun.

= He opened the drawer and took out a gun.

→ 그는 서랍을 열고 총을 꺼냈다.

▶ When I had Kimchi last time, I had to keep my mouth open for hours, fanning it with my hand.

= I had to keep my mouth open and fan it.

→ 지난번에 김치를 먹었을 때, 나는 몇 시간을 손으로 입에 부채질을 하면서 입을 벌리고 있어야만 했었다.

Step 38 :: 분사구문의 의미상 주어

01_ 의미상의 주어 생략

분사구문의 의미상의 주어가 주절의 주어와 동일한 경우에는 의미상의 주어를 생략한다.

▶ Returning to my apartment, I found my watch missing.

= When I returned to my apartment, I found my watch missing.

→ 아파트로 돌아와서 나는 손목시계가 없어졌다는 것을 알았다.

02__ 의미상의 주어 명시

1 독립 분사구문

분사구문의 의미상의 주어가 주절의 주어와 다른 경우에는 의미상의 주어를 명시한다.

▶ <u>Night</u> coming on, the fisherman went away.

= <u>When</u> night came on, the fisherman went away.

→ 밤이 되자, 그 어부는 사라졌다.

2 비인칭 독립구문

분사구문의 의미상의 주어와 주절의 주어가 일치하지 않아도 의미상의 주어가 we, you, they, people 등의 일반 주어일 때는 의미상의 주어를 생략한다.

▶ <u>Strictly speaking</u>, our country lacks natural resources.

= If we speak strictly, our country lacks natural resources.

→ 엄격하게 말하면, 우리나라는 천연 자원이 부족하다.

Step 39 :: 분사구문의 시제·부정·강조 / 동시상황을 나타내는 with

01__ 분사구문의 시제

1 단순 분사구문 : 동사 + ~ing

분사의 시제가 술어동사와 같은 시제를 나타낸다.

▶ <u>Playing</u> games and singing songs, the party <u>was</u> enjoyable.
(과거시제)

→ 게임하고 노래하며, 그 일행은 즐기고 있었다.

　　(playing은 동사 was와 같은 시제를 의미한다.)

2 완료분사구문 : having + P.P.

분사의 시제가 술어동사 이전의 시제를 나타낸다.

▶ <u>Having eaten</u> his dinner, he <u>rushed</u> out of the house.
　　(대과거)

→ 저녁식사를 마친 후에, 그는 집 밖으로 뛰어 나갔다.

(having eaten은 동사 reshed보다 한 시제가 앞서 있음을 나타낸다.)

02__ 분사구문의 부정

분사구문의 부정은 부정사 동명사의 경우와 마찬가지로 분사 앞에 not 이나 never 를 둔다.

▶ <u>Never</u> having read book, I can't criticize it.

= As I have never read the book, I can't criticize it.

→ 책을 읽지 않으면, 비평할 수도 없다.

03__ 분사구문의 강조

▮ 분사 + as + S + V (be 동사) : 분사가 과거분사

▶ <u>Located (as the village is)</u> on a hill, the village commands a fine view.

→ 그 마을은 사실 언덕 위에 위치하고 있어서, 전망이 좋다.

▮ 분사 + as + S + V (do 동사) : 분사가 현재분사

▶ <u>Living (as I do)</u> in a remote village, I have few visitors.

→ 사실 나는 외딴 마을에 살기 때문에, 방문객이 거의 없다.

04__ 동시상황을 나타내는 with

with + 목적어 + 분사(형용사 · 부사 · 전치사구)

독립분사구문이 부대상황을 나타내는 경우로써 with는 생략될 수 있다.

▶ <u>With winter coming on</u>, it's time to buy warm clothes.

→ 겨울이 오고 있기 때문에, 따뜻한 옷을 살 때이다.

▶ <u>With John away</u>, we've got more room.

→ 존이 멀리 나가 있기 때문에, 우리는 더 많은 공간을 갖게 되었다.

실전문제

The celebration of the opening of our new company was _____ .

(A) excited   (B) excitable

(C) excitement   (D) exciting

감정동사의 주어가 사물인 경우는 '~하게 만드는'의 의미이며, 동사는 과거분사가 된다. 반면에 사람이 주어인 경우는 감정의 상태로 현재분사가 되는 것에 주의한다. 답 D

---

01 People who have very little technical background have _____ to understand computer language.

(A) learn   (B) learning

(C) learned   (D) learns

과거분사를 사용한 현재완료형으로 그 기본형인 「have + p.p.」가 되어야 한다.

---

02 _____ in all parts of the state, pines are the most common trees in Georgia.

(A) Found   (B) Finding them

(C) To find them   (D) They are found

원래의 문장은 Pines (which are found in all parts of the state) are the most common trees in Georgia였으나 괄호 안의 부분이 분사구문으로 바뀌면서 found 이하가 도치되어 앞으로 나왔다.

---

03 The problem was with the battery _____ a dead cell.

(A) which having to   (B) which has

(C) having   (D) in being with

the battery를 수식할 수 있는 문장 구조는 which has와 having인데 which has는 앞에 있는 동사와 시제가 맞지 않는다.

---

04 This is a picture of boy and girl _____ together.

(A) walking   (B) walk

(C) to walk   (D) has walking

boy and girl (who are) walking together.

---

05 Almost all the gas _____ in the United States is natural gas.

(A) is burned   (B) burned

(C) to be burning (D) burns

Almost all the gas (that is) burned.

06 The people———————— the meeting expressed concern about the lack of interest.

(A) attention   (B) attended

(C) attending   (D) attentive

> The people (who were) attending (또는 who attended) / who attended the meeting : belong은 소유를 나타내므로 진행형 불가.

07 An expensive book———————to this club is lost.

(A) belong   (B) belongs

(C) belonging   (D) belonged

> An expensive book which belongs to this club is lost. (cf. belong은 소유를 나타내므로 진행형은 불가능하다.)

08 Chain reactions———————thermal or fast neutrons can be controlled in a reactor.

(A) involve   (B) involved

(C) involving   (D) are involved

> Chain reactions (which are) involving (또는 which involve) / which involve thermal.

09 What happened?

The situation is——————— .

(A) embarrassed   (B) embarrass

(C) embarrassing   (D) very much embarrassed

> 우리가 당혹감을 느끼게 해주므로 현재분사형이 되어야 한다. (감정동사는 무생물 주어일 때 현재분사형이 된다.)

10 Mr. Lee is a very——————— man because he is always talking about himself.

(A) tired   (B) interested

(C) bored   (D) boring

> '늘 자신의 이야기만 하므로 남에게 지겨움을 주는 사람' 이니까 현재분사형이 필요하다.

11 Did you enjoy the movie?

No, it was ——————— .

(A) very boring   (B) very bored

(C) much bored   (D) very excited

> 우리에게 지루함을 느끼게 해 주므로 현재분사형이 요구되며 형용사화 된 과거분사는 very가 수식한다. (cf. I was very pleased / tired / surprised etc.)

12 A: What did they think about the plan?

B: Everyone was so happy and about it.———————

(A) excite   (B) exciting

(C) excited   (D) excites

> 계획 때문에 흥분되는 것이므로 과거분사형이 필요하다. (감정동사는 의미상 주어가 사람일 때 과거분사형이 된다.)

13 _____ on New Years Day, the Rose Bowl is the oldest post-season collegiate football game in the United States.

(A) It is held   (B) It holds

(C) Holding   (D) Held

(Being) Held. = The Rose Bowl is held on New Year's Day and is the oldest. 부대상황의 분사구문.

14 _____ by the decision, the lawyer quickly left the courtroom.

(A) Having angered   (B) Being angry

(C) Angered   (D) Angering

(Being) Angered. = As the lawyer was angered by the decision, he quickly. (B)는 Being angry at the decision이 되어야 한다.

15 _____ under a microscope, a fresh snowflake has a delicate six-pointed shape.

(A) Seen   (B) Sees

(C) Seeing   (D) To see

(Being) Seen. = When a fresh snow- flake is seen under a microscope, it has.

16 Pure naphtha is highly explosive if _____ to an open flame.

(A) it exposed   (B) exposed

(C) expose it   (D) is it exposed

exposed = if (it is) exposed 분사구문의 의미를 강조하기 위해 접속사를 쓸 수 있다.

17 _____ , he is not worthy of his reputation.

(A) Strictly speaking

(B) Strictly to speak

(C) Speaking strictly

(D) We speaking strictly

Strictly speaking(엄격하게 말하면). 무인칭 독립분사구문으로 If we speak strictly와 같다.

18 His health failing, _____ in 1992.

(A) so Henry Lee went on leave from the army

(B) the army gave Henry Lee leave

(C) when the army gave Henry Lee leave

(D) Henry Lee went on leave from the army

His health failing이 분사구문이므로 주절이 필요하며 분사구문의 주어인 His health에서 His는 Henry Lee를 가리키므로 주절의 주어로서 Henry Lee가 적절하다.

Arrived at the company banquet, we saw Sandy
<u>(A)</u>   (B)

standing alone.
(C)   (D)

> 분사구문이 문두에 올 경우 주어인 we와의 관계를 따져보아 능동관계이면 현재분사가 된다. (→ arriving) 답 A

01 Defining sociologically, a race is a group of people
    (A)   (B)

who are perceived by a given society as biologically
       (C)   (D)

different from others.

> 분사구문을 만들 때는 주절의 주어와 종속절의 그것이 일치하여야 한다. 의미상으로 볼 때 이 분사구문은 If a race is defined sociologically라는 부사절에서 생겨났으므로 Defined sociologically라는 과거분사로 시작되는 분사구문이 필요하다.

02 Controversial matters involving the two groups
                        (A)

were discussed; nevertheless, most of the representatives
    (B)   (C)

remaining calm.
    (D)

> 세미콜론(;)이 등위접속사의 역할을 하고 있으므로 그 이하도 주어-술어동사를 갖춘 절이 뒤따라야 한다. 이때 앞 문장과의 의미상 시제 차이가 없으므로 술어동사를 과거시제인 remained로 바꾼다. remaining calm → remained calm

03 Alice in Wonderland, first published in 1865, has
                        (A)   (B)

since being translated into thirty languages.
      (C)   (D)

> being → been

04 Baroque has been the term using by art historians for
        (A)   (B)

almost a century to designate the dominant style of
                      (C)

the period 1600-1750.
        (D)

> by에 착안할 것. Baroque has been the term(which has been) used.

05 To praise a historian for his accuracy is like praising
    (A)   (B)

  an architect for using well-drying timber.
              (C)   (D)

'잘 말린 목재' 이므로 well-dried 가 되어야 한다.

06 Operation PUSH, founded in 1971 by the Reverend Jesse
               (A)

  Jackson, provides educational assistance to children live in
        (B)   (C)

  economically depressed communities.
                (D)

children을 수식하는 분사구나 형용사절이 되어야 하므로 (C)의 living 또는 who live.

07 This charming restaurant should definitely be on your
                    (A)   (B)

  agenda when you're looking for good food and relaxed
                 (C)   (D)

  atmosphere, and where service is attentive.

긴장을 풀어주는 분위기이므로 현재분사형이 요구된다. (D) relaxing atmos-phere.

08 Not too many years ago, it was an excited experience
  (A)   (B)   (C)

  to travel 25 or 50 miles from home.
               (D)

우리를 흥분시키는 경험이므로 현재분사형이 되어야한다. (C) exciting.

09 He had planned to have the ball throw into a box.
    (A)   (B)   (C) (D)

the ball이 던져지는 것이므로 「have + 목적어 + p.p.」의 형식이 되어야한다.

10 Writing in a easy style, the book describes the authors
    (A)   (B)

  childhood experience in Louisiana just before the outbreak
                               (C)

  of the Civil War.
     (D)

The book is written… and describes.

11 I was <u>surprising</u> <u>to see</u> her at the theater, <u>since</u> I <u>know</u> she
             (A)   (B)   (C)   (D)

doesn't like movie.

감정동사는 사람일 주어일 때 be 동사 뒤에 과거분사형이 온다. (A) surprising → surprised

12 It was <u>so</u> <u>excited</u> a game that they <u>stayed</u> in their seats
         (A)   (B)   (C)

<u>until</u> it was over.
 (D)

감정동사 excite는 무생물 주어를 수식할 때 영향을 주는 주체이므로 현재분사형이 온다. (B) excited → exciting

유형 ❶문장완성

1 ⓒ 2 Ⓐ 3 ⓒ 4 Ⓐ 5 Ⓑ 6 ⓒ 7 ⓒ 8 ⓒ 9 ⓒ 10 Ⓓ 11 Ⓐ 12 ⓒ 13 Ⓓ
14 ⓒ 15 Ⓐ 16 Ⓑ 17 Ⓐ 18 Ⓓ

유형 ❷틀린 곳 찾기

1 Ⓐ 2 Ⓓ 3 ⓒ 4 Ⓑ 5 Ⓓ 6 ⓒ 7 Ⓓ 8 ⓒ 9 ⓒ 10 Ⓐ 11 Ⓐ 12 Ⓑ

조동사

12

조동사는 본동사에 선행하여 본동사를 보조하는 역할을 한다.

Step 40 :: 조동사 Do · Be · Have

1 조동사 do

동사를 강조하거나 의문문·부정문을 만들어 준다.

▶ He <u>did</u> make haste, but could not catch the train.

→ 그는 정말 서둘렀지만 기차를 탈 수 없었다. (강조)

▶ <u>Do</u> you have any brothers?

→ 당신은 형제가 있습니까? (의문문)

▶ They <u>didn't</u> have breakfast.

→ 그들은 아침식사를 하지 않았다. (부정문)

▶ Never <u>did</u> I understand it.

→ 나는 그것을 결코 이해할 수 없었다. (도치)

2 조동사 be

진행문·수동문을 만들어 준다.

▶ I <u>was</u> just reading a book.

→ 그때 한창 책을 읽고 있던 중이었다. (진행문)

▶ He <u>is</u> trusted by everyone.

→ 그는 누구에게나 신뢰를 받고 있다. (수동문)

3 조동사 have

완료문을 만들어 준다.

▶ The clock <u>has</u> just struck ten.

→ 시계가 이제 막 열 시를 쳤다. (현재완료)

▶ <u>Never have</u> I been there.

→ 나는 한 번도 그곳에 가본 적이 없다. (도치)

▶ I <u>hadn't seen</u> a lion before I was six years old.

→ 나는 여섯 살이 될 때까지 사자를 본 적이 없었다. (과거완료)

Step 41 :: 조동사 Can · May · Must · Need · Ought

본동사 앞에서 서법성을 나타내거나 가정법을 만들 때 사용한다.

01_ can · could

1 허가 : ~해도 좋다

▶ You <u>can</u> take any book you like.

→ 어느 것이든 네가 좋아하는 책을 가져가도 좋다.

2 가능 : ~할 수 있다

▶ I <u>can</u> attend the conference tomorrow.

→ 내일 회의에 참석할 수 있다.

3 능력 : be able to 는 사람이 주어일 때만 쓴다.

▶ <u>Could</u> you run the business by yourself (if this was necessary)?

→ (필요하다면) 혼자서 사업을 경영할 수 있는가?

▶ Our baby <u>will be able to</u> walk in a few weeks.

→ 우리 아기는 몇 주 후에는 걸을 수 있을 것이다.

4 could have + p.p. : ~할 수 있었는데
행동이 수행되지 않았거나 실제로 행위가 이루어졌는지 여부가 불명확할 때.

▶ I <u>could have come</u> yesterday, but I didn't want to.

→ 어제 올 수 있었지만 오고 싶지 않았다.

▶ The money has disappeared. John <u>could have taken</u> it; he was here alone yesterday.

→ 돈이 없어졌다. 존이 가져갔을지도 모른다; 그가 어제 여기에 혼자 있었으니까.

5 **can의 관용적 표현**

① cannot help ~ing : ~하지 않을 수 없다

= cannot but + 동사원형

= cannot help but + 동사원형

= can do nothing but + 동사원형

= cannot choose but + 동사원형

▶ I can't but laugh at the sight.

= I can't help laughing at the sight.

→ 나는 그 광경을 보고 웃지 않을 수 없다.

▶ I cannot choose but speak the truth.

→ 나는 진실을 말하지 않을 수 없다.

② cannot ~ too... : 아무리 ~해도 지나치지 않다

▶ I cannot appreciate your kindness too much.

→ 이루 다 감사의 말씀을 드릴 수 없습니다.

▶ We can't be too careful about our health.

→ 아무리 건강에 주의하여도 지나치지 않는다.

③ cannot ~ without... : ~하면 반드시 ...하다

= cannot but + 원형

▶ I cannot hear such a story without weeping.

= Whenever I hear such a story, I always weep.

→ 그런 이야기를 들으면 울지 않을 수 없다.

▶ I cannot see you without thinking of your mother.

= I never see you but think of your mother.

→ 너를 보면 네 어머니 생각이 난다.

④ can afford to : ~할 여유가 있다(시간·돈)

= be able to afford

▶ He can afford to buy a car.

→ 그는 차를 살 여유가 있다.

▶ I can afford to enjoy summer holidays.

→ 나는 여름 휴가를 즐길 여가가 있다.

02_ may · might

1 **허가 :** ~해도 좋다

부정 : must not, may not

▶ You <u>may</u> go now.

= I permit you to go now.

→ 이제 가도 좋다.

▶ You <u>may not</u> smoke in this room.

→ 이 방에서는 흡연을 금합니다.

▶ This <u>must not</u> be washed with soap.

→ 이것을 비누로 빨아서는 안됩니다.

2 **가능 :** ~할 수 있다

▶ You may be right.

= It is possible that you are right.

→ 네가 옳을 수도 있다.

3 **may be :** ~일지도 모른다(현재 추측)

▶ It <u>may be</u> that our team will win this game.

→ 이번에는 우리 팀이 이길지도 모른다.

▶ She <u>may not be</u> at home now.

= It is possible that she is not at home now.

→ 그녀는 지금 집에 없을지도 모른다.

4 **may + have + P.P. :** ~했을지 모른다(과거의 추측)

▶ He <u>may have dropped</u> by last night.

→ 그가 지난 밤에 들렀을지도 모른다.

▶ Perhaps we should have taken the other road. It <u>might have been</u> quicker.

→ 어쩌면 우리는 다른 길을 갔어야 했다. 그 편이 더 빨랐을지 모른다.

5 **might have + P.P. :** 어떤 행동이 과거에 이루어지지 않은 것을 나타낼 때.

▶ You <u>might have warned</u> us that the bull was dangerous.

→ 그 황소가 위험하다는 것을 우리에게 경고했어야 했는데.

6 양보절

▶ Though he <u>may</u> be a rich man, he is certainly not a happy man.

→ 그는 부자일지 모르지만 분명히 행복하지는 않다.

▶ Wherever you <u>may</u> go, let me know your regards.

→ 네가 어디를 가더라도 내게 안부를 전해다오.

▶ Whenever I <u>may</u> call on him, I find him working.

→ 그를 방문할 때마다 그는 일을 하고 있다.

7 기원문

▶ <u>May</u> God bless you!

= I hope God will bless you.

→ 신의 축복이 있기를!

▶ Long <u>may</u> you live!

→ 만수무강 하소서!

8 may의 관용적 표현

① may well + 원형 : ~하는 게 당연하다

▶ You <u>may well</u> be proud of your son.

→ 당신이 아들을 자랑스럽게 여기는 것은 당연하다.

② may as well/ might as well + 원형 (공손한 표현) : ~하는 게 낫다

▶ You <u>may/ might as well</u> come with me.

→ 너는 나와 함께 가는 것이 좋겠다.

▶ You <u>may as well</u> go at once.

→ 너는 즉시 가는 게 좋겠다.

▶ You <u>might as well</u> take a rest.

→ 당신은 휴식을 취하는 것이 좋습니다.

③ may as well as Ⓐ (원형) as Ⓑ (원형) (가능한 비교) :

Ⓑ 하느니 Ⓐ 하는 게 낫다

might as well Ⓐ (원형) as Ⓑ (원형) (불가능한 비교) :

Ⓑ 하느니 Ⓐ 하는 게 낫다

▶ One <u>may as well</u> not know a thing at all <u>as</u> know it imperfectly.

→ 어떤 것을 불완전하게 알 바에는 그것을 전혀 모르는 편이 낫다.

▶ You <u>might as well</u> hunt for a fish in the sands <u>as</u> try to start in business without a capital.

→ 자본 없이 사업을 시작하려고 애쓰는 것은 사막에서 물고기를 찾아 헤매는 것과 같다.

03_ must · need · ought

1 must : 화자의 주관적인 의무(객관적 의무 : have to)를 사용한다.
부정 : don't have to, need not

▶ You <u>must</u> clean your own boots.

→ 자신의 신발은 자신이 닦아야 한다. (주관적 의무)

▶ You will <u>have to</u> clean your own boots when you join the army.

→ 군에 입대하면 자신의 신발은 자신이 닦아야 할 것이다. (객관적 의무)

▶ You <u>need not</u> light a match: I can see well enough.

→ 성냥불을 켤 필요가 없다. 나는 아주 잘 볼 수 있다.

2 must be : 강한 추측(현재 추측)

▶ He <u>must be</u> a very clever boy.

→ 그는 대단히 영리한 소년임이 틀림없다.

3 must have P.P. : ~임에 틀림없다(과거 추측)
부정 : can't have + P.P. : ~일 리가 없다

▶ She <u>must have been</u> a beauty in her day.

→ 한창때 그녀는 미인이었음에 틀림없다.

▶ Jones <u>can't have written</u> this because it is in French and he doesn't know French.

→ Jones가 이것을 썼을 리가 없다. 왜냐하면 이것은 불어로 되어 있기 때문이다. 그리고 그는
불어를 모른다.

4 need : 주로 의문문과 부정문에서 사용.

▶ You <u>need not</u> go there.

→ 너는 그곳에 갈 필요가 없다. (화자의 주관적 불필요)

5 need + have + P.P. : ~할 필요가 있었는데(하지 않았다)
needn't + have + P.P. : ~할 필요가 없었는데(했다)

▶ You <u>needn't have brought</u> your umbrella, for we're going by car.

→ 차로 가기 때문에 너는 우산을 가져올 필요가 없었는데.

6 **ought to :** ought to, should는 must보다 의무의 강도가 약하다.

▶ He <u>ought to</u> get up earlier.

→ 그는 더 일찍 일어나야 한다. (화자의 주어에 대한 의무·권고)

7 **ought to + have + P.P. :** ~했더라면 좋았을 텐데(하지 않았다)

실제로는 이루어지지 않은 과거의 의무나 소망했던 행동을 나타낸다.

▶ You <u>ought to have informed</u> at once.

→ 즉시 신고했어야 했는데.

Step 42 :: 조동사 Will(Would)·Shall(Should)·Used to·Dare

01_ would · should

1 **주어의 의지를 나타내는 will**

▶ I <u>will</u> not speak to him.

→ 나는 그와 말하지 않겠다.

▶ He <u>would</u> not do such a thing.

→ 그는 그런 일을 하지 않을 것이다.

2 **화자의 의지를 나타내는 shall**

▶ You <u>shall</u> have the money.

= I'll give you the money.

→ 너는 돈을 갖게 될 것이다.

▶ My son <u>shall</u> bring the money to you.

= I will let my son bring the money to you.

→ 우리 아들이 네게 돈을 가지고 갈 것이다.

3 **청자의 의지를 묻는 will · shall**

▶ <u>Will</u> you do me a favor?   → 부탁 좀 들어 주시겠습니까?

▶ <u>Shall</u> I shut the door?

→ 문을 닫을까요?

4 관용 표현

• would rather + 동사원형 : 차라리 ~하고 싶다

• would sooner + Ⓐ 동사원형 (than) + Ⓑ 동사원형 : Ⓑ 하느니 차라리 Ⓐ 하고 싶다

▶ I <u>would rather</u> sell my car <u>than</u> this picture.

→ 이 그림을 파느니 차라리 내 차를 파는 것이 낫다.

5 shall · should의 특별용법

① 의무 · 충고 : ~해야 한다

   ▶ You <u>shouldn't</u> tell a lie.

   → 거짓말을 해서는 안 된다.

② should + have + P.P. : ~해야 했을 텐데(하지 않았다)

   과거에 당연히 했어야 할 일이 이루어지지 않은 것을 나타낸다.

   ▶ You <u>shouldn't have been</u> rude to him. (but you were rude.)

   → 당신은 그에게 무례하지 말았어야 했는데.

③ It is necessary · essential · important · natural + that + 주어 + (should) + 동사원형 : should는 생략 가능하며 3인칭 주어 다음에 원형이 올 수 있음에 주의한다.

   ▶ It is essential that <u>he should</u> be prepared for this.

   = It is essential that <u>he be</u> prepared for this.

   → 그가 이만한 각오를 하는 것은 극히 중요하다.

④ It is strange · surprising · amazing · ridiculous · absurd + that + 주어 + (should) + 동사원형 : should는 생략 가능하며 3인칭 주어 다음에 원형이 올 수 있음에 주의한다.

   ▶ <u>It is ridiculous that</u> we <u>should</u> be short of water in a country where it is always raining.

   = It is ridiculous that we <u>be</u> short of water in a country where it is always raining

   → 언제나 비가 오는 나라에서 물이 부족하다는 것은 우스운 일이다.

⑤ suggest (propose · move · recommend), insist, order (command), demand (ask · require) + that + 주어 + (should) + 동사원형 : should는 생략 가능하

며 3인칭 주어 다음에 원형이 올 수 있음에 주의한다.

▶ The doctor suggests that <u>he should</u> take a walk every day.

= The doctor suggest that <u>he take</u> a walk every day

↳ 의사는 그에게 매일 산책을 하기를 권한다.

▶ He commanded that <u>the men (should)</u> shut the gates.

↳ 그는 부하들에게 출입문을 닫으라고 명령했다.

▶ We demanded that <u>she (should) pay</u> the bill at once.

↳ 우리는 그녀가 즉시 청구서의 금액을 지불할 것을 요구했다.

⑥ lest ~ (should) + 원형 : ~하지 않도록

should는 생략 가능하다

▶ Be careful <u>lest</u> you <u>(should)</u> fall from the tree.

↳ 나무에서 떨어지지 않도록 조심해라.

02_ used to · dare

1 used to + 동사원형 : 과거의 규칙적 습관이나 상태를 나타낸다.

▶ There <u>used to</u> be a big tree near the pond.

↳ 연못 근방에는 전에 큰 나무가 있었다. (상태)

▶ I <u>used to</u> walk to my office, but now I take the bus.

↳ 전에는 걸어서 출근을 했는데 지금은 버스를 탄다. (습관)

2 be used to + 동명사 : ~에 익숙해지다.

▶ He <u>is used to</u> living in this city.

↳ 그는 이 도시에 사는데 익숙해져 있다.

▶ I<u>'m used to</u> eating American food.

↳ 나는 미국 음식을 먹는데 익숙해져 있다.

3 dare : 부정문 · 의문문에서 감히 ~하다의 의미로 쓰인다.

▶ He <u>dare not</u> move.

↳ 그는 감히 움직이지 못했다. (부정문)

▶ <u>How dare</u> you speak to me so rudely?

↳ 어떻게 나에게 그렇게 무례하게 말을 하는가? (의문문)

AUXILIARY VERB

실전문제

유형 1 문장완성

The offer was not so good for you, so you_____ not have accepted it.

(A) need　　　　　　　(B) should

(C) ought　　　　　　(D) used

'~하지 말았어야 했을 텐데'라는 의미는 「should have p.p. = ought to have p.p.」 형식이 되어야 한다. 답 B

---

01 You might_____advise me to give up my fortune as spend it in gambling.

(A) as good　　　　　(B) as well as

(C) well　　　　　　(D) as well

might as well ~ as(~하느니 ~하는 게 낫다).《재산을 도박에 탕진하느니 차라리 그냥 포기하라고 하는 편이 나을 것이다.》

---

02 Bill didn't come to his eight o'clock class yesterday. He_____ .

(A) must oversleep

(B) must be oversleeping

(C) must have overslept

(D) must had overslept

「must have p.p.」(~였음이 틀림없다).

---

03 It is impossible that he wrote the essay.

= He_____ the essay.

(A) cannot have written　　(B) should have written

(C) need not have written　(D) must have written

「cannot have p.p.」(~였을 리 없다).

---

04 I do not know where the director is; she must_____ for the day.

(A) leave　　　　　　(B) leaving

(C) have left　　　　(D) be left

과거의 강한 추정을 나타내는 「must have p.p.」.

---

05 John has been sick for a long time, so he —————— pain.

(A) is used   (B) used to

(C) is used to   (D) used to

(E) is use to

과거의 상태를 나타내는 「used to + 동사원형」.

06 A: Would you like me to go to the terminal with you?

B: No, you —————— there.

(A) need not to go   (B) need not go

(C) don't need go   (D) not need go

조동사로 쓰인 need의 부정은 「need not + 동사원형」.

07 They told me that I —————— the tap water in that country.

(A) must not have drank   (B) should not have drunk

(C) could not drank   (D) could have drink

「should not have p.p.」(~하지 말았어야 했다).

08 She told me that —————— live with her roommate again next year.

(A) she'll rather not   (B) she'd rather not

(C) she won't rather   (D) she'd rather didn't

(E) she should rather not

「would / had rather not + 동사원형」(오히려 ~하고 싶지 않다). 《그녀는 내년에는 자기의 룸메이트와 동숙하고 싶지 않다고 말했다.》

09 Take care lest you —————— make a mistake of this kind.

(A) might   (B) should

(C) can't   (D) would not

접속사 lest는 조동사 should와 힘께 쓰인나. (~하시 않노록)

10 If you say that something is —————— to be done, you mean that it should be done because of a law.

(A) enable   (B) entitled

(C) ought   (D) supposed

be supposed to(~하기로 되어 있다), ought to (~해야만 한다). be entitled to(~할 권리(자격)가 있다).

11 They —————— got to hurry if they are going to catch their train.

(A) are   (B) have

(C) will   (D) must

의무를 나타내는 have to의 용법. have got to는 구어체 표현.

Anyone who needs purchase anything from the department
    (A)   (B)

store must enter the room by 9 o'clock
     (C)   (D)

need가 본동사 일 경우에 「to + 원형이」 나와야 한다. needs 는 -s가 있으므로 본동사이다.
답 B

01 On her way home, she use to buy a slice of honeycake
                       (A)   (B)   (C)

at the baker's.
    (D)

과거의 습관을 나타내는 「used to + 동사원형」.

02 The natural gas that flows from a well must to be cleaned
                  (A)   (B)   (C)

and treated before being marketed.
    (D)

must는 조동사이므로 동사원형을 수반한다.

03 The judge told me that I ought not have entered my wife's
          (A)   (B)   (C)

room without her permission.
     (D)

조동사 「ought (not) to + 동사원형」.

04 Everything was very wet this morning. It should have rained
             (A)   (B)   (C)

last night.
   (D)

과거의 강한 추정을 나타내는 「must have p.p.」.

05 He said softly that he would rather starve than stealing to
          (A)   (B)   (C)

get what he needed.
    (D)

「would rather + 동사원형 + than + 동사원형」.

06 After <u>a long</u>, seemingly futile search, Professor Clayborne
(A)

was finally <u>being</u> able to locate the fifth volume <u>of</u> series he
(B) (C)

needed to continue <u>his research.</u>
(D)

준조동사인 「be able to」는 법조동사이므로 진행형을 쓸 수 없다.

07 <u>During</u> that terrible snowstorm, the police demanded <u>that</u>
(A) (B)

the people in the cars <u>stayed</u> off Highway 107 except in
(C)

cases of <u>emergency.</u>
(D)

주절의 동사가 요구동사이므로 종속절에서는 「(should) + 동사원형」 형태를 취해야 타당하다.

08 As we are <u>concerned</u> about the shortage of energy sources,
(A)

we <u>ought to not</u> fail to develop substitute energy <u>for</u>
(B) (C)

<u>survival.</u>
(D)

ought to의 부정은 ought not to.

09 With <u>regard</u> to your letter of October 26, we are quite
(A)

<u>disappointed to learn</u> <u>that</u> you are unable to <u>accepting</u> the
(B) (C) (D)

job at this time.

「be unable to」는 조동사 can의 부정형과 같은 의미로서 준동사이므로 동사원형을 수반해야 어법에 맞는 문장이 된다.

10 <u>To become</u> a member of the civic association, one <u>need only</u>
(A) (B)

attend three meeting and <u>to pay</u> his fees <u>regularly.</u>
(C) (D)

(C)의 to pay는 접속사 and에 의해 need와 연결되므로 동사원형으로 바꾸어 준다.

11 You ought to not ignore his determination to win this game.
         (A)   (B)   (C)   (D)

조동사 ought to의 부정은 ought not to이다.

12 You need not to get there so early; there will be many
            (A)   (B)   (C)

seats available until the show begins.
                              (D)

조동사 need 뒤에는 원형부정사가 와야 한다. (A) to get → get

유형 1 문장완성
1 ⓓ 2 ⓒ 3 ⓐ 4 ⓒ 5 ⓑ 6 ⓑ 7 ⓑ 8 ⓑ 9 ⓑ 10 ⓒ 11 ⓑ

유형 2 틀린 곳 찾기
1 ⓑ 2 ⓒ 3 ⓑ 4 ⓒ 5 ⓒ 6 ⓑ 7 ⓒ 8 ⓑ 9 ⓓ 10 ⓒ 11 ⓐ 12 ⓐ

SUBJUNCTIVE MOOD
가정법

13

Step 43 :: 가정법 현재

현재 또는 미래에 대한 불확실한 상상, 사실이나 의심을 나타낸다.

If + 주어 + 동사원형 (현재형), 주어 + will (shall) + 동사원형

1 현재 또는 미래에 대한 불확실한 추측이나 의심을 나타냄

▶ If it <u>rains</u> tomorrow, he <u>will</u> not come.

→ 만약 내일 비가 온다면, 그는 오지 않을 것이다.

2 이성적 행동, 요구 동사 다음에 오는 종속절은 가정법이다

- propose : 제안하다
- move : 제안하다
- demand : 요구하다
- require : 요구하다
- order : 명령히디
- insist : 주장하다

- suggest : 제안하다
- ask : 요구하다
- request : 요청하다
- recommend : 추천하다
- command : 명령하다

▶ My teacher insisted that <u>he (should) be quiet</u>.

→ 선생님께서 조용히 하라고 하셨다.

3 이성적 판단의 형용사 뒤에 오는 절은 가정법이다

- necessary : 필요한
- vital : 중요한
- imperative : 명령적인

- essential : 필수적인
- important : 중요한
- urgent : 긴급한

- natural : 당연한
- desirable : 바람직한
- right : 정당한
- just : 정당한
- rational : 이성적인
- compulsory : 강제적인

- advisable : 권고할만한
- proper : 적당한
- fair : 공정한
- appropriate : 적당한
- obligatory : 의무적인

▶ It is natural that <u>she (should) go there</u>.

→ 그녀가 그 곳에 가는 것은 당연하다.

4 의지 또는 감정적 판단의 형용사 뒤의 that절은 가정법 현재

의지	• desirous : 바라는	• anxious : 열망하는	
감정	• strange : 이상한	• odd : 이상한	• surprising : 놀라운
	• amazing : 놀라운	• ridiculous : 우스운	• absurd : 어리석은
	• shocked : 충격받은		

▶ She was anxious that <u>her son (should) pass in the exam</u>.

→ 그녀는 그녀의 아들이 시험에 합격할지 걱정했다.

▶ I desire that <u>he (should) do it as soon as possible</u>.

→ 나는 그가 가능한 빨리 그 일을 하기를 바란다.

5 lest + (should) + 원형에 쓰인 가정법은 가정법 현재로 쓰임

▶ Speak slowly <u>lest</u> he <u>(should) misunderstand</u> you.

→ 천천히 말해. 그렇지 않으면 그가 오해할 수도 있어.

Step 44 :: 가정법 미래

- 현재나 미래에 대해서 매우 불확실한 것을 나타낸다.
- 가능성이 희박한 일을 가정하거나, 미래에 대한 강한 의심을 나타낼 때 쓴다.

> If + 주어 + were to/should + 동사원형, 주어 + will(would)/ shall(should) + 동사원형

▶ If it <u>should</u> rain tomorrow, I <u>will (would)</u> read books at home.

→ 만약에 내일 비가 온다면 나는 집에서 책을 읽을 것이다.

Step 45 :: 가정법 과거 / 가정법 과거완료

01_ 가정법

현재 사실에 반대되는 일을 가정할 때 쓴다.

> If + 주어 + 동사과거형~, 주어 + 조동사 과거형(would/ should/ might/ could) + 동사원형~

❶ 현재 사실에 반대되는 가정

▶ If I <u>knew</u> English, I <u>should</u> be happy

→ 만약 내가 영어를 할 줄 안다면 나는 행복할 것이다.

▶ If I <u>had</u> much money, I <u>would</u> buy the dictionary.

→ 만약 내가 돈이 많이 있다면 그 사전을 살 것이다.

❷ 현재 또는 미래에 대한 순수한 가정

▶ If I <u>were</u> in your position, I <u>would</u> never do so.

→ 만일 내가 너의 입장이라면, 나는 절대 그렇게 하지 않을 것이다.

▶ If he <u>took</u> the doctor's advice, he <u>might</u> soon be well again.

→ 그가 의사의 충고를 듣는다면 곧 다시 나올 것이다.

02_ 가정법 과거완료

과거에 일어난 사실을 반대로 가정하거나 과거에 실현하지 못한 것을 가정할 때 쓴다.

> If + 주어 + had + p.p., 주어 + 조동사 과거형(would/ should/ might/ could) + have + p.p.

▶ If he <u>had had</u> enough time, he <u>would have done</u> it better.

= As he did not have enough time, he could not do it better.

→ 만일 그가 시간이 충분히 있었더라면 그는 그것을 더 잘했을 것이다.

▶ If you <u>had taken</u> a taxi, you <u>could have gotten</u> there in time.

→ 만일 네가 택시를 탔더라면 너는 정각에 그 곳에 도착할 수 있었을 텐데.

Step 46 :: 혼합 가정법과 가정법 특수 구문

01_ 혼합법
과거의 사실이 현재에 영향을 주는 가정법.

> If + 주어 + had + P.P., 주어 + 조동사의 과거형
> (=과거 사실의 가정)　　 (=현재 사실의 가정)

▶ If he <u>had not been</u> killed in Korean War, he <u>would</u> be 50 now.

→ 만약 그가 한국전쟁에서 죽지 않았었다면, 지금은 50살이 되었을 텐데.

   (※ 그가 과거에 죽지 않았다면, 현재의 나이가 50살이 되었을 것이라는 내용을 말한다.)

02_ 가정법 특수 구문

1 I wish + 가정법 [과거/ 과거완료 (had + P.P.)]
as if + 가정법 [과거/ 과거완료 (had + P.P.)]

▶ I wish I <u>were</u> a bird.

→ 내가 새라면 좋을 텐데.

▶ I wish I <u>had been</u> a bird.

→ 내가 새였었더라면 좋을 텐데.

▶ He spoke to me as if he (<u>knew</u> / <u>had known</u>) everything.

→ 그는 마치 모든 것을 아는 것(알았었던 것)처럼 나에게 말했다.

TIP...

I wish… 와 as if… 뒤에 오는 시제는 과거형 동사(가정법 과거), 또는 had + p.p. (가정법 과거완료) 둘 중에 하나가 오며, 과거형 동사는 주절의 동사와 동일 시제를 나타내고 had + p.p. 주절의 동사보다 한 시제 앞선 시제를 나타낸다.

② but for, without + 명사 : ~이 없다면
- If it were not for +명사 (가정법 과거)
- If it had not been for +명사 (가정법 과거완료)

▶ But for your help, I could not have succeeded.

→ 너의 도움이 없었더라면, 나는 성공하지 못했을 것이다. (가정법 과거완료)

▶ Without Internet technology, it would never be possible to get lots of information.

→ 인터넷 기술이 없다면, 많은 정보를 얻는 것은 불가능할 것이다. (가정법 과거)

SUBJUNCTIVE MOOD

실전문제

If he _____ the fact, he would not have cancelled his appointment.

(A) has known　　　　　(B) knew

(C) knows　　　　　　　(D) had known

주절이 「would not have p.p.」 이므로 가정법 과거완료이다. if 절이 「had + p.p.」가 되어야 한다. **답** D

---

01 His committee recommends that the matter _____ at the next meeting.

(A) would be discussed　　(B) will be discussed

(C) be discussed　　　　　(D) may be discussed

제안을 나타내는 recommend가 that절을 목적어로 취할 경우 「should + V」가 온다.

---

02 If Americans ate fewer foods with sugar and salt, their general health _____ better.

(A) be　　　　　(B) will be

(C) is　　　　　(D) would be

가정법 과거

---

03 According to some historians, if Napoleon had not invaded Russia, he _____ the rest of Europe.

(A) had conquered　　　(B) would conquer

(C) would have conquered　(D) conquered

가정법 과거완료

---

04 "Your grade on the mid-term exam is not so good."

"That's true, If I had studied harder, I _____."

(A) had a better grade

(B) might had a better grade

(C) might have a better grade

(D) might have had a better grade

혼합 가정법

---

05 "We're in danger now."

"If you ＿＿＿＿＿ to me, we wouldn't be in danger."

(A) has listened   (B) had listened

(C) listen   (D) would listen

부사 now가 있음에도 would가 쓰인 점으로 보아 가정법 과거나 과거완료임을 알 수 있다. 조건절의 가정법 과거완료와 주절의 가정법 과거가 결합되어 있는 혼합 가정법이다.

06 It's about time that we ＿＿＿＿＿ the dripping faucet.

(A) repair   (B) repaired

(C) will repair   (D) will have repaired

「It's about time that + 가정법 과거」(~할 때다).

07 It's most urgent that the patient ＿＿＿＿＿ sent to hospital.

(A) must be   (B) should be

(C) would be   (D) is

urgent는 이성적 판단의 형용사이므로 that절에 당위를 의미하는 조동사 should를 동반하여 가정법 현재로 나타낸다.

08 ＿＿＿＿＿ that the time will soon be ripe for intervention in Iran, they would be faced by a large army.

(A) It is believed

(B) Should they believe

(C) They would believe

(D) If they would be believed

문맥상 주절에 쓰인 would는 가정법 미래를 나타냄을 알 수 있다. 조건절의 접속사 If가 생략되면서 조동사가 문두로 나가 주어와 동사가 도치되었다.

09 If you ＿＿＿＿＿ closer to the supermarket, you could walk there.

(A) lived   (B) had lived

(C) live   (D) would live

가정법 과거는 If + S + 동사의 과거형/ were, S + would/ should/ could/ might + V의 형식으로 나타낸다.

10 I wish that I ＿＿＿＿＿ with you last night.

(A) went   (B) could go

(C) have gone   (D) had gone

과거 표시 부사구로 미루어 보아 가정법은 가정법 과거 완료가 적합하다.

11 She demands that the children ＿＿＿＿＿ her.

(A) obeys   (B) obeyed

(C) obeying   (D) obey

관용적으로 가정법 현재에서는 요구동사(demand) 뒤에서 조동사(should)를 생략하고 동사원형만 쓴다.

12 _____ I met him before, I could have recognized him at once.

(A) Had   (B) Unless

(C) If   (D) Because

접속사 If가 생략된 도치구문이다. 주절의 시제로 미루어 보아 가정법 과거 완료임을 알 수 있다.

13 _____ your help, I could not have succeeded.

(A) But   (B) Beside

(C) Without   (D) With

Without = But for(만약 ~이 없었다면).

14 It is strange that you _____ say such a thing.

(A) would   (B) should

(C) will   (D) shall

that절은 strange에 대한 판단의 근거를 기술하고 있으므로 동사원형이나 「should + 동사원형」이 온다.

15 That American speaks Korean as fluently as if he _____ a Korean.

(A) was   (B) is

(C) has been   (D) were

「as + if/ though + 가정법」(마치 ~처럼). 직설법으로 표현된 주절의 시제가 현재이므로 as if 이하는 가정법 과거가 요구된다.

16 He did not help me when I needed him. A true friend _____ differently.

(A) acted   (B) would have acted

(C) would act   (D) had acted

명사 주어가 조건절을 대신하기도 한다. 앞문장의 직설법 시제가 과거이므로, 뒷 문장의 가정법 시제는 과거완료가 요구된다.

17 I wish I _____ what to tell you.

(A) would know   (B) knew

(C) know   (D) knows

I wish(that)… 다음에는 가정법 과거나 과거완료가 와야 한다.

18 The report would have been accepted _____ in checking its accuracy.

(A) if more care

(B) more care had been taken

(C) had taken more care

(D) had more care been taken

주절이 가정법 과거완료이므로 조건절에 「had + p.p.」형이 와야 하는데, if절에서 if가 생략되면 도치구문이 되므로 「had + 주어 + p.p.」형이 온다.

19 "What happened to the flower I gave you?"

"The flower _____ well, but I did not water it."

(A) should have gone   (B) would grow

(C) might grow   (D) would have grown

과거 사실에 대한 반대이므로 가정법 과거완료가 요구된다.

20 If you _____ to see Miss Kim, what would you tell her?

(A) are   (B) will be going

(C) must   (D) were

주절의 시제가 would ~ tell로 나타나 있는 걸로 보아 가정법 구문임을 알 수 있다. 전혀 실현 가능성이 없는 일을 가정할 때는 If ~ were to부정사의 가정법 미래로 나타낸다.

21 I am surprised that he _____ have made such a mistake.

(A) would   (B) could

(C) should   (D) might

놀람, 의외, 실망 등 감정적 판단의 형용사 다음에 이어지는 that절은 「should + V」로 나타낸다.

22 If Americans ate fewer foods with sugar and salt, their general health _____ better.

(A) be   (B) will be

(C) is   (D) would be

가정법 과거로 주절에 「조동사의 과거형 + 동사원형」이 와야 한다.

23 According to some historians, if Napoleon had not invaded Russia, he _____ the rest of Europe.

(A) had conquered   (B) would conquer

(C) would have conquered   (D) conquered

가정법 과거완료로 주절에는 「조동사의 과거형 + 현재완료」가 와야 한다.

24 If teaching _____ more, fewer teachers would leave the profession.

(A) pays   (B) is paying

(C) paid   (D) had paid

가정법 과거로 종속절의 동사의 시제는 단순과거이다.

25 Your performance was very good. I could have done better _____ more time.

(A) I had   (B) Had I

(C) Had I had   (D) I had had

가정법 과거완료에서 if절의 it가 생략된 구문이다.

26 What would you wish to do if you were a college student again?

— That's very hard to say, but I wish I ＿＿＿＿＿ when I was a college student.

(A) has not studied psychology

(B) did study psychology

(C) had studied psychology

(D) studied psychology

「I wish + 가정법」에서 가정법 시제가 과거시제를 의미하므로 I wish의 현재보다 1시제 앞선 시제인 「had + p.p.」형이 와야 한다.

27 I would ask John to lend us the money if I ＿＿＿＿＿ him.

(A) had known   (B) have known

(C) knew   (D) know

가정법 과거 구문으로 if절에는 과거형 동사가 온다.

28 What is your opinion? It is natural that an employee ＿＿＿＿＿ his work on time.

(A) finishes   (B) finished

(C) can finish   (D) finish

It is natural that… 구문에서는 주어 뒤에 「should + 동사원형」이 오는데 should는 생략될 수 있다.

29 ＿＿＿＿＿ that you were there, we would have written you a letter.

(A) If we having known

(B) Had we known

(C) If we have been known

(D) If we know

가정법 과거완료에서 if절의 if가 생략된 도치구문이다.

30 I got caught in traffic; ＿＿＿＿＿ I would have been here sooner.

(A) however   (B) although

(C) anyway   (D) otherwise

앞 문장은 직설법, 뒷 문장은 가정법으로 쓰여 있다. 앞 문장 전체에 대한 반대를 가정하는 접속사가 필요하다. Otherwise = if I had not got caught in traffic.

31 We would have arrived sooner but we ＿＿＿＿＿ a flat tire.

(A) had   (B) would have

(C) has not   (D) has

주절이 가정법 과거완료이므로 but으로 유도되는 조건절에는 직설법 과거 시제가 요구된다. but ~ if we had not had a flat tire

32 According to T.S. Eliots The Wast Land, April is the cruelest month. But I think that if Eliot _____ in Korea, he might have revised that view.

(A) lives   (B) might have lived

(C) lived   (D) had lived

that 이하에서 주절의 시제가 might have revised인 걸로 보아 가정법 과거완료 구문임을 알 수 있다. 가정법은 전달 동사(think)의 시제에 영향을 받지 않는다.

33 Tom might have come to school in time for Professor Browns lecture, _____ .

(A) if he got up earlier

(B) unless he had got up earlier

(C) but he got up rather late

(D) but he had gotten up so late

주절이 might have gone이므로 과거 사실에 반대인 가정법 과거완료 구문임을 알 수 있다. 따라서 but 이하는 직설법 과거가 요구된다. (A) if he had got up earlier. (B) unless he had got up late. (D) but he got up so late. but은 직설법을 이끈다.

34 The committee recommends that the matter _____ at the next meeting.

(A) would be discussed

(B) will be discussed

(C) be discussed

(D) may be discussed

제안을 나타내는 recommend가 that절을 목적어로 취할 경우 「(should) + V」가 온다.

35 It is most urgent that the patient _____ sent to hospital.

(A) must be   (B) should be

(C) would be   (D) is

이성적 판단의 형용사(urgent, desir-able, natural, essential, proper, etc) 다음에 오는 that절은 「(should) + V」로 나타낸다.

36 _____ you arrive before the office is open, the security guard would not let you in.

(A) Should   (B) Could

(C) Would   (D) While

before절에서는 현재 시제(is)인데, 주절에서는 would not let으로 나타나 있으므로 가정법 구문임을 알 수 있다. 접속사가 생략된 도치구문으로 의외의 가능성을 뜻하는 가정법 미래로 나타냈다. (If you should arrive)

37 What are the qualifications of a good worker?

— It is essential that he _____ efficient.

(A) could be   (B) can be

(C) will be   (D) be

이성적 판단의 형용사(essential)가 that절을 이끌 경우 that절 이하는 「should + V」가 온다.

38 I wish I _____ what to tell you.

    (A) would know   (B) knew

    (C) know   (D) knows

I wish (that) 다음에는 가정법 과거나 과거완료가 와야 한다. (A) I wish (that) — 가정문은 조건절을 대신하므로 would를 쓰지 않는다.

39 I am surprised that he _____ have made such a mistake.

    (A) would   (B) could

    (C) should   (D) might

놀람, 의외, 실망 등 감정적 판단의 형용사(surprising, amazing, strange, disappointed, extraordinary, etc.) 다음에 이어지는 that절은 「should + V」로 나타낸다.

40 _____ for the money, I could not have bought it.

    (A) without

    (B) It had not been

    (C) Have it not been

    (D) Had it not been

주절의 시제가 could not have bought인 점으로 미루어 보아 가정법 과거완료 구문이다. 조건절은 접속사가 생략된 도치구문이다. (A) But for = Without. (B) If it had not been for.

41 That American speaks Korean as fluently as if he

    _____ a Korean.

    (A) was   (B) is

    (C) has been   (D) were

「as if/ though + 가정법」(마치 ~처럼). 직설법으로 표현된 주절의 시제가 현재(speak)이므로 as if 이하는 가정법 과거가 요구된다.

42 It was imperative that he _____ at once.

    (A) acts   (B) act

    (C) will act   (D) would act

「It is imperative that + S + (should) + V + at once」(아무래도 지금 곧 하지 않으면 안 된다).

43 I wish I _____ busy yesterday; I could have helped you with the problem.

    (A) hadn't been   (B) weren't

    (C) wasn't   (D) have not been

과거 표시 부사 yesterday와 could have helped로 미루어 보아 I wish 다음에 가정법 과거완료가 와야 한다.

44 Come right away, _____ you will be late.

    (A) or   (B) so

    (C) then   (D) if

명령문, or you will···(~해라, 그렇지 않으면 ~할 것이다) 구문으로 내용상 if ~ not의 의미를 대신할 수 있는 접속사가 요구된다.

The manager insisted <u>that</u> she <u>attends</u> the meeting <u>next</u>
(A)   (B)   (C)   (D)

Sunday.

명령, 제안, 주장, 요구를 나타 내는 동사는 종속절에서 「should + 원형」이 나오지만, should는 생략 가능하고 원형 만 나올 수 있다. 📖 C

01 <u>Had I have been</u> in my <u>brother's</u> position, I would have
        (A)   (B)

<u>hung up</u> the phone <u>in the middle</u> of the conversation.
  (C)   (D)

가정법 과거완료형으로 if절의 시 제는 had + P.P.가 온다. (= If I had had been~) → If가 생략되 면 주어와 동사의 순서가 도치되 어야 한다.

02 <u>Many animals</u> would still <u>be alive</u> if they <u>have not attempted</u>
        (A)   (B)   (C)

to salvage something <u>from</u> the fire.
                      (D)

과거의 사건이 현재까지 영향을 미칠 때 혼합 가정법을 사용해야 한다. (→ had not attempted)

03 If <u>drivers</u> obeyed the <u>speed limit</u>, <u>fewer</u> accidents <u>occur</u>.
      (A)   (B)   (C)   (D)

미래에 대한 가능성을 나타내기 위하여 조건절에 조동사의 과거 형 would, could, might 등을 사 용할 수 있다. (→ would occur)

04 If dinosaurs <u>would have</u> continued <u>to roam</u> the earth, <u>man</u>
                  (A)   (B)   (C)

would have evolved quite <u>differently</u>.
                            (D)

가정법 과거완료: 주절이 would have P.P.임을 주의한다. (→ had)

유형 ❶ 문장완성

1 ⓒ	2 ⓓ	3 ⓒ	4 ⓒ	5 ⓑ	6 ⓑ	7 ⓑ	8 ⓑ	9 ⓐ	10 ⓓ	11 ⓓ	12 ⓐ	13 ⓒ
14 ⓑ	15 ⓓ	16 ⓑ	17 ⓑ	18 ⓓ	19 ⓓ	20 ⓓ	21 ⓒ	22 ⓓ	23 ⓒ	24 ⓒ		
25 ⓒ	26 ⓒ	27 ⓒ	28 ⓓ	29 ⓑ	30 ⓓ	31 ⓐ	32 ⓓ	33 ⓒ	34 ⓒ	35 ⓑ		
36 ⓐ	37 ⓓ	38 ⓑ	39 ⓒ	40 ⓓ	41 ⓓ	42 ⓑ	43 ⓐ	44 ⓐ				

유형 ❷ 틀린 곳 찾기

1 ⓐ	2 ⓒ	3 ⓓ	4 ⓐ

RELATIVE CLAUSE
관계사절 14

형용사 역할을 하는 종속절로 관계대명사절·관계형용사절·관계부사절이 있다.

관계대명사

관계대명사는 「대명사 + 접속사」의 역할을 하면서 선행사를 꾸며주는 형용사절이다.

Step 47 :: 관계대명사의 종류

선행사 격(case)	제한적 · 비제한적 용법		제한적 용법	선행사 포함	유사관계대명사
	사람	사물, 동물	사람, 사물, 동물	사람, 사물	
주격	who	which	that	what	as
목적격	whom		that	what	but
소유격	whose	whose (of which)	–	–	than

01__ 선행사가 사람일 때

1 주격 : who 또는 that 을 쓴다.

▶ The policeman <u>who</u> reported the accident has red hair.

→ 그 사건을 보고한 경찰관은 머리색이 붉다.

▶ The man <u>who</u> robbed you has been arrested.

→ 너를 강탈한 사람은 체포되었다.

● **that을 쓰는 경우 :** 선행사가 최상급 형용사의 수식을 받거나 all, every, any, no, the same, the only, the very 등의 수식을 받을 때.

▶ He was the best king that ever sat on the throne.

→ 그는 지금까지 즉위한 임금 중에서 가장 훌륭한 임금이었다.

2 동사의 목적격 : whom, who, that을 쓰며 목적격 관계대명사는 흔히 생략한다.

▶ The girls (whom) you have employed are always complaining about their pay.

→ 네가 고용하고 있는 소녀들은 그들의 급료에 대해 항상 불평하고 있다.

▶ I employed a man whom I thought to be honest.

→ 나는 정직하다고 생각되는 한 남자를 고용했다.

3 전치사의 목적격

● who(m) 또는 that을 쓴다.

● 전치사를 뒤로 돌리고 whom 대신 who나 that을 사용하거나 관계대명사를 생략 하기도 한다.

▶ The man from whom I bought the lock told me to oil it.

= The man who I bought the lock from told me to oil it.

= The man that I bought the lock from told me to oil it.

= The man I bought the lock from told me to oil it.

→ 내가 자물쇠를 산 남자가 나에게 기름칠을 하라고 말했다.

4 소유격 : whose를 사용한다.

▶ People whose rent have been raised can appeal.

→ 임대료를 인상 받은 사람은 이의를 제기할 수 있다.

▶ He is a scientist whose fame is world-wide.

→ 그는 세계적으로 명성이 높은 과학자이다.

02_ 선행사가 사물일 때

1 주격 : which 또는 that을 쓴다.

▶ This is the picture which / that caused such a sensation.

→ 이것이 대소동을 일으킨 그 사진이다.

▶ I have a car <u>which</u> / <u>that</u> is made in Korea.
→ 나는 한국산 자동차를 가지고 있다.

2 목적격 : which 또는 that을 사용하며, 생략 가능하다.
▶ The watch (<u>which</u> / <u>that</u>) you gave me keeps perfect time.
→ 네가 내게 준 그 시계는 시간이 정확하다.
▶ This is the magazine (<u>which</u> / <u>that</u>) I bought yesterday.
→ 이것은 내가 어제 산 잡지이다.

● **that을 쓰는 경우** : 주격, 목적격에 관계없이 선행사가 최상급 형용사의 수식을 받거나 all, every, any, no, the same, the only, the very 등의 수식을 받을 때.
▶ <u>All</u> the apples <u>that</u> fall are eaten by pigs.
→ 나무에서 떨어진 사과는 모두 돼지가 먹어 버렸다.

3 소유격 : whose 또는 of which 를 사용한다.
▶ Living in a house <u>whose</u> walls were made of glass would be horrible.
= Living in a house the walls <u>of which</u> were made of glass would be horrible.
= Living in a house <u>of which</u> the walls were made of glass would be horrible.
= Living in a house <u>with</u> glass walls would be horrible.
→ 벽이 유리로 된 집에서 사는 것은 끔찍할 것이다.

03_ 관계대명사 that

1 선행사가 사람과 동물 또는 사물일 때
▶ He spoke of <u>the things and men that</u> he had seen abroad.
→ 그는 해외에서 본 풍물과 사람에 관해서 이야기했다.
▶ I saw <u>a peasant and his cow that</u> were crossing the bridge.
→ 나는 다리를 건너가는 농부와 그의 소를 보았다.

2 선행사가 all, every, any, no, little, much, few, the same, the very, the only,

the first, the last 또는 최상급 형용사의 수식을 받을 때

▶ <u>All</u> is not gold <u>that</u> glitters.

→ 번쩍인다고 다 금은 아니다.

▶ There is <u>no</u> mother <u>that</u> does not love her own child.

→ 제 자식을 사랑하지 않는 어머니는 없다.

▶ Lindberg was <u>the first</u> man <u>that</u> flew across the Atlantic alone.

→ Lindberg는 대서양 횡단을 단독 비행한 최초의 사람이었다.

04__ 관계대명사 what

• what은 그 자체에 선행사를 포함하고 있는 관계대명사로서 명사절로 쓰인다.

• what은 생략되는 일이 없다.

　　▶ This is <u>what</u> I want.

　　= This is <u>the thing which</u> I want.

　　→ 이것이 내가 원하는 것이다.

　　▶ I gave her <u>what</u> little money I had.

　　= I gave her <u>all the little money (that)</u> I had.

　　→ 내가 가지고 있는 얼마 안 되는 돈을 모두 그녀에게 주었다.

Step 48 :: 관계대명사의 용법

01__ 제한적 용법(한정적 용법)

• 관계사절이 선행사를 제한하는 형용사절로 쓰이는 형태.

• 전치사는 관계대명사 앞이나 절 뒤에 올 수 있으나 that과 who 앞에는 전치사를 둘 수 없고 절 뒤에 둔다.

• 목적격 관계대명사는 일반적으로 생략한다.

　　▶ The lady <u>who</u> is sitting there is our teacher.

　　→ 저기 앉아있는 숙녀는 우리 선생님이시다.

　　▶ He is the man <u>that</u> / <u>whom</u> people like at first sight.

　　→ 그는 사람들이 첫눈에 반하는 사나이다.

02__ 비제한적 용법

- 선행사를 부가적으로 설명하는 형태.
- 형식상 종속절이나 의미는 독립성이 강하므로 접속사를 사용해서 고쳐 쓸 수 있다.
- 선행사 뒤에 comma를 쓴다.

  ▶ I gave him a dollar, <u>which</u> was all I had with me.

  = I gave him a dollar, <u>and it</u> was all I had with me.

  → 나는 그에게 1달러를 주었는데 그것은 내가 가지고 있던 전부였다.

cf. that은 비제한적 용법에는 쓰지 않는다.

03__ 관계대명사와 선행사

1 명사

▶ I am reading <u>a novel</u> which the novelist wrote.

→ 나는 그 소설가가 쓴 소설을 읽고 있다.

2 대명사

▶ <u>All</u> is well that ends well.

→ 끝이 좋으면 만사가 좋다.

3 형용사

선행사가 형용사일 때는 선행사를 받는 관계사절은 항상 비제한적이다.

▶ He is <u>rich</u>, which I am unfortunately not.

→ 그는 부자이지만 불행히도 나는 그렇지 않다.

4 구

▶ He wanted <u>to come</u>, which was impossible.

→ 그는 오고 싶었지만 그것은 불가능하였다.

5 절

▶ <u>He said he saw me there</u>, which was a lie.

→ 그는 거기서 나를 보았다고 말했지만 그것은 거짓말이었다.

Step 49 :: 관계대명사와 전치사

01__ 어순의 일반 법칙

- 전치사는 관계대명사 앞에 오는 경우도 있고 문장 뒤에 오는 경우도 있다.
- 관계대명사 that을 쓸 때는 반드시 전치사를 절의 뒤에 놓는다.
- 전치사가 문장 뒤로 갈 때는 관계대명사를 생략하는 경우가 많다.

    ▶ The hotel <u>at which</u> we stayed is near the station.

    = The hotel <u>which/ that</u> we stayed <u>at</u> is near the station.

    = The hotel we stayed <u>at</u> is near the station.

    → 우리가 묵었던 호텔은 역 가까이에 있다.

02__ 전치사가 반드시 관계대명사 앞에 오는 경우

❶ all · most · some · many · none · half · neither · both of + 관계대명사

▶ He has tens of books, <u>most of which</u> he had read.

→ 그는 수십 권의 책을 갖고 있는데 그 책의 대부분을 읽었다.

❷ 전치사가 beyond · around · opposite · outside · toward · during 등인 경우

▶ This is the goal <u>toward which</u> are striving.

→ 이것이 우리가 노력하고 있는 목표이다.

❸ 비제한적 용법에 사용된 which의 선행사가 구나 절인 경우

▶ I take care of my garden, <u>for which</u> my father gives me ten dollars a month.

→ 나는 정원을 돌보는데, 그 대가로 아버지께서 한 달에 10달러씩 주신다.

03__ 전치사가 문장이나 절의 뒤에 오는 경우

동사나 형용사 · 명사가 전치사와 결합하여 끊을 수 없는 때이다.

▶ The first thing <u>(that)</u> he <u>thought of</u> was to visit the place again.

→ 그가 우선 생각한 것은 그 장소를 다시 한번 찾아가 보는 것이었다.

▶ Hunting is an amusement (which) I am particularly fond of.
→ 사냥은 내가 특별히 좋아하는 오락이다.

▶ This is a rabbit (which) he caught sight of.
→ 이것이 그가 발견한 토끼이다.

Step 50 :: 관계대명사의 생략

한정적 용법의 관계대명사에 한해서 관계대명사를 생략할 수 있다.

1 타동사의 목적어로 쓰일 때

▶ The doctor (whom) I sent for was not at home.
→ 내가 부르러 보낸 의사는 집에 없었다.

▶ Beauty is a letter of recommendation (which) it is almost impossible to ignore.
→ 아름다움은 거의 무시할 수 없는 추천장이다.

2 전치사의 목적어로 쓰일 때

▶ I should like to introduce to you the gentleman (whom) I spoke of the other day.
→ 내가 전에 말씀드린 그 신사분을 당신에게 소개해 드리겠습니다.

▶ The paint on the seat (which) you are sitting on is still wet.
→ 네가 앉아 있는 자리의 페인트가 아직 마르지 않았다.

3 be동사의 보어로 쓰일 때

▶ She is not the gay woman (that) she used to be.
→ 그녀는 전과 같은 명랑한 부인이 아니다.

▶ He is not the man (that) they thought him to be.
→ 그는 그들이 생각했던 그런 사람이 아니다.

4 there is · here is · it is · what is · who is로 시작되는 구문에서는 관계대명사가 주격일 경우도 생략 가능

▶ There is a man in the office (who) wants to see you.

→ 사무실에 당신을 만나고자 하는 사람이 있습니다.

▶ <u>Who was</u> it <u>(that)</u> told you the matter?

→ 그 문제를 당신에게 말해 준 사람이 누구입니까?

5 관계대명사 이끄는 절에 there is 구문이 있을 경우 주격 관계대명사도 생략 가능

▶ This is the prettiest flower <u>(that) there is</u> in the garden.

→ 이것이 정원에 있는 가장 예쁜 꽃이다.

▶ He is one of the greatest artist <u>(that) there are</u> in the world.

→ 그는 이 세상에서 가장 위대한 예술가 중의 한 사람이다.

6 it is ~ that … 강조구문에서 관계대명사 that은 생략 가능

▶ <u>It was</u> I <u>(that)</u> bought these flowers for her.

→ 그녀를 위해 이 꽃을 산 것은 나였다.

다음과 같은 경우에는 「관계대명사 + be동사」를 생략할 수 있다.

7 진행형 구문 : 관계대명사절이 진행형 구문일 때

▶ The boy <u>(who is) standing</u> at the gate is my brother.

→ 문에 서 있는 그 소년은 내 아우이다.

8 수동태 구문 : 관계대명사절이 수동태 구문일 때

▶ It was the greatest victory <u>(that had been) won</u> by the Admiral.

→ 그것은 그 제독이 거둔 승리 중 가장 큰 승리였다.

9 관계대명사절 중의 술어동사가 be동사이고, 보어로서 -able, -ible로 끝나는 형용사가 있을 때

▶ She was the only person <u>(that was) visible</u> at the gate.

→ 그녀는 문간에서 볼 수 있는 유일한 사람이었다.

Step 51 :: 복합관계대명사

관계대명사 who, whose, whom, which, what에 강조의 의미를 지닌 -ever를 붙인 것으로 그 안에 선행사가 포함되어 있다.

주격	소유격	목적격
whoever = anyone who	whosever = anyone whose	whomever = anyone who
whichever = anything that = either that	-	whichever = anything that = either that
whatever = anything that	-	whatever = anything that

1 명사적 용법

명사절을 이끌며 문장의 주어나 목적어가 된다.

▶ Whoever can solve this problem shall have a prize.

→ 이 문제를 풀 수 있는 사람에게는 누구에게든지 상을 주겠다.

▶ Please help yourself to whichever you like. (주격)

→ 당신 마음에 드는 것이면 무엇이든지 마음대로 드세요. (목적격)

2 형용사적 용법

명사를 수식하는 형용사적 용법이다.

▶ You may read whatever book you like.

= You may read any book that you like.

→ 네가 좋아하는 책은 어떤 책이든 읽어도 좋다.

▶ Whosever horse comes in first wins the prize.

= Anyone whose horse comes in first wins the prize.

→ 누구의 말이든지 맨 먼저 들어오는 말이 상을 탄다.

3 부사적 용법

whoever, whomever, whosever, whatever, whichever가 양보를 나타내는 부사절을 이끈다. no matter라는 접속사와 의문사를 겸하는 일종의 접속사 역할을 한다.

▶ Whoever comes first, he may take it.

= No matter who may come first, he may take it.

→ 누가 먼저 온다 할지라도, 그가 그것을 가져갈 수 있다.

▶ <u>Whichever you may take</u>, you won't be satisfied with it.

= <u>No matter which you may take</u>, you won't be satisfied with it.

→ 네가 어느 것을 택한다 할지라도, 그것에 만족하지 않을 것이다.

▶ <u>Whomever you may ask</u>, he will say so.

= <u>No matter whom you may ask</u>, he will say so.

→ 누구에게 물어보더라도 그렇게 말할 것이다.

▶ <u>Whosever soap it may be</u>, you may use it.

= <u>No matter whose soap it may be</u>, you may use it.

→ 누구의 비누이든 간에 너는 그것을 써도 좋다.

❹ 강조적 용법

whatever가 주로 부정문·의문문에서 at all, in the least(조금도, 전혀)의 뜻으로 쓰여 all, no, any의 뜻을 강조하는 경우이다.

▶ There is <u>no</u> doubt <u>whatever</u>.

→ 조금도 의심의 여지가 없다.

▶ Is there <u>any</u> chance <u>whatever</u>?

→ 어떤 가능성이 조금이라도 있습니까?

Step 52 :: 유사관계대명사

유사관계대명사란 원래 접속사이지만, 절 가운데서 주어·목적어·보어아 같은 관계대명사의 구실을 하는 것을 말한다.

01_ as

as는 원래 접속사였으나 관계대명사 that과 비슷한 용법으로 쓰이며 such ~ as, so ~ as, the same ~ as와 같이 상관적으로 쓰인다.

❶ as가 단독으로 쓰일 때 : 앞 문장 전체를 선행사로 받는다.

▶ He was an Englishman, <u>as</u> they could perceive by his accent.

→ 그가 영국인이라는 것을 그들은 그의 어조로써 알 수 있었다.

2 **as ~ as… :** ~만큼 ~한

▶ <u>As</u> many men <u>as</u> came were caught.

→ 온 사람은 모두 붙잡혔다.

3 **such ~ as… :** ~같은 그런~

▶ Don't read <u>such</u> books <u>as</u> will defile your mind.

→ 너의 마음을 더럽힐 그런 책은 읽지 마라.

4 **so ~ as… :** ~같은 그런~

▶ The book is written in English <u>so</u> easy <u>as</u> beginners can understand.

→ 그 책은 쉬운 영어로 씌어 있어서 초보자들도 이해할 수 있다.

5 **the same ~ as… :** ~와 같은 종류의~

▶ I want <u>the same</u> dictionary <u>as</u> your sister has.

→ 나는 너의 누나가 가지고 있는 것과 같은 사전을 갖고 싶다.

02_ but

1 선행사에 부정 또는 부정에 준하는 no, not, nothing, few 등이 포함되어 있거나 수사의문문의 경우에 쓰인다

▶ There is <u>no</u> rule <u>but</u> has exceptions.

= There is <u>no</u> rule <u>that</u> has <u>no</u> exceptions.

= <u>Every</u> rule has <u>some</u> exceptions.

→ 예외 없는 규칙은 없다.

2 but은 that ~ not의 뜻

▶ Who is there <u>but</u> wishes to succeed?

= There is <u>no</u> one <u>but</u> wishes to succeed.

= Who is there <u>that</u> does <u>not</u> wish to succeed?

= <u>Everyone</u> wishes to succeed.

→ 성공을 바라지 않는 사람이 누가 있겠는가?

03_ than

주격이 비교구문일 경우에는 관계대명사로 than을 사용한다.

▶ Things went <u>better than</u> had been expected.

→ 사태는 기대했던 것보다 더 좋아졌다.

▶ There came <u>more</u> people <u>than</u> the auditorium could seat.

→ 강당에 수용할 수 있는 사람보다 더 많은 사람이 왔다.

관계부사절

Step 53 :: 관계부사와 관계대명사의 관계

- 두 문장을 연결하는 관계사가 관계절 내에서 부사어 역할을 하는 것을 말하며, 격의 변화가 없다.
- why, how는 제한적 용법으로만 사용된다.

선행사	관계부사	관계대명사	용법
시간	when	at (on, in) which	제한적, 계속적
장소	where	at (on, in, to) which	제한적, 계속적
이유	why	for which	제한적
방법	how	in which	제한적
위 모두	that	at (on, in, to, for) which	제한적

1 시간

▶ Tell me the day <u>when</u> (= on which) she will come back.

→ 그녀가 돌아오는 날을 알려주시오.

▶ I went out for a walk, <u>when</u> (= and then) I met her.

→ 나는 산책을 하러 나갔는데, 그때 그녀를 만났다.

2 장소

▶ This is <u>the very place where</u> (= at which) the accident happened.

→ 이 곳이 그 사건이 일어난 바로 그 장소이다.

▶ Finally she went to Los Angles, <u>where</u> (= and there) she settled down for the rest of her life.

→ 마침내 그녀는 LA로 갔는데, 거기서 그녀는 정착하여 여생을 보냈다.

3 이유

▶ I don't know <u>the reason why</u> (= for which) she broke the promise with him.

→ 나는 그녀가 그와의 약속을 어긴 이유를 모른다.

4 방법

▶ Would you tell me the way <u>how</u> I can keep in shape?

→ 건강을 유지할 수 있는 방법을 말씀해 주시겠습니까?

Step 54 :: 관계부사의 용법

1 관계부사가 이끄는 절이 형용사절이 되는 경우

▶ Put the book <u>where</u> (= in which) you found it.

→ 네가 그 책을 발견한 곳에 두어라.

2 관계부사가 이끄는 절이 부사절이 되는 경우

▶ <u>Where</u> there is a will, there is a way.

→ 뜻이 있는 곳에 길이 있다.

3 관계부사가 이끄는 절이 명사절이 되는 경우

▶ That is <u>why</u> I didn't attend the meeting yesterday.

→ 그것이 내가 어제 회의에 참석하지 않은 이유이다.

TIP...

관계부사 또는 선행사의 생략 : 선행사가 생략된 관계부사절은 명사절이 된다.

▶ Saturday is (the day) <u>when</u> I am busiest.

→ 토요일은 내가 가장 바쁜 날이다.

▶ This is (the reason) <u>why</u> she likes him.

> → 이래서 그녀는 그를 좋아한다.
>
> ▶ This is (the way) <u>how</u> he did it.
>
> → 그는 그것을 이런 식으로 했다.

복합관계부사의 용법

복합관계부사는 선행사를 그 속에 포함 있으며 장소·양보의 뜻을 나타내는 부사절을 이끈다. whenever (= at any time when), wherever (= at any place where), however (= no matter how) 등이 있다.

▶ Please come <u>whenever</u> (= at any time) you like.

→ 언제나 좋을 때 오세요.

▶ My dog follows me <u>wherever</u> (= to any place) I go.

→ 나의 개는 어디에 가든 나를 따라온다.

▶ <u>Wherever</u> you may go, you can't find that book.

→ 어디에 가든 당신은 그 책을 구할 수 없다.

▶ <u>However</u> carefully I may write, I sometimes make mistakes.

→ 아무리 조심해서 써도 나는 가끔 틀린다.

▶ <u>However</u> we do it, it will be wrong.

→ 우리가 어떤 식으로 하든, 그것은 잘못일 것이다.

유형 **1** 문장완성

Popular politicians are created by their own strong beliefs and by the people _____ them.

(A) who support   (B) they support

(C) of support   (D) they support in

> 사람(the people)을 선행사로 하고 support의 주어가 될 수 있는 것은 주격 관계대명사 who이다. 〈인기 있는 정치가는 정치가 자신의 강한 신념과 그들을 지지하는 사람들에 의해 만들어진다.〉 답 A

---

01 A : What do you think about the boy?

B : The boy _____ I believed to be honest was a detective.

(A) who   (B) what

(C) which   (D) whom

> 선행사가 사람일 때 목적격 관계대명사는 whom.

02 The American _____ the Nobel Prize in economics was Paul Samuelson.

(A) who first won   (B) whom first won

(C) whose first won   (D) which first won

> 관계대명사가 주격일 때는 뒤에 동사가 따르고, 소유격일 때는 명사가 따르며, 목적격일 경우에는 「주어 + 타동사구」가 위치해야 한다.

03 In the financial world, where knowledge is power, anyone _____ information in advance is in a position to profit from it.

(A) receive   (B) who receives

(C) who does he receive   (D) if they receive

> 선행사가 사람일 때 주격 관계대명사는 who. (C)는 의문문이 아닌데 의문문의 어순으로 되어있으므로 부적절하다. 〈지식이 곧 힘인 금융계에서는 누구든 미리 정보를 입수하는 사람이 그로부터 이익을 얻을 수 있는 위치에 서게 된다.〉

04 She was very impressed with the scientific displays _____ at the 1998 World Expo.

(A) saw   (B) that she saw it

(C) it that she saw   (D) that she saw

> 관계대명사 which 대신 쓰인 that. (A)는 두 개의 동사가 접속사 없이 쓰일 수 없으므로 부적절. (B), (C)에서 see는 타동사이고 그 목적어가 관계대명사로 쓰인 that이므로 it을 쓰면 목적어를 중복 사용한 결과가 되므로 부적절.

05 Try to put yourselves in the other people's place and to see why they hold the opinions or do the things ————— you strongly disagree.

(A) which
(B) whom
(C) with whom
(D) with which

사물을 선행사로 받으면서 전치사 with의 목적어로 쓰이는 관계대명사는 which의 용법. disagree with(~에 반대하다). 《여러분이 다른 사람의 입장이 되어서, 그들이 왜 그런 견해를 갖고 있으며 여러분이 그토록 반대하는 일을 하고 있는지 알아보도록 노력하라.》

06 Engineering is a field of study ————— a lot of dedication and commitment is required.

(A) what
(B) where
(C) that
(D) which

선행사가 장소이므로 관계부사 where를 쓴다.

07 A: How embarrassed we are nowadays!
B: The next war will be more cruel ————— can be imagined.

(A) that
(B) as
(C) which
(D) than

선행사에 more가 있을 때는 유사 관계대명사 than을 쓴다. more cruel은 선행사, than은 주격 관계대명사로 간주한다.

유형 2 틀린 곳 찾기

He is one of those men <u>whom</u>, I am sure, always do <u>their</u>
                 (A)   (B)

best, <u>even</u> in the most trying <u>circumstances</u>.
     (C)   (D)

선행사가 사람일 때는 주격 관계대명사 who를 쓴다. I am sure는 삽입설. **법 A**

01 One of the most famous men of <u>ancient times</u> <u>was Socrates</u>,
                                         (A)   (B)

<u>his teachings</u> are reflected in <u>Plato's writings</u>.
     (C)   (D)

teachings를 한정시키면서 두 문장을 연결시키는 역할을 하는 소유격 관계대명사 whose가 필요하다. 《고대의 가장 유명한 사람 중 하나가 소크라테스인데, 그의 가르침은 그의 제자인 플라톤의 저술에 반영되어 있다.》

02 Human life consists of a succession of small events, each
　　　　　　 (A)　　　 (B)

of them is comparatively unimportant.
　 (C)　　　 (D)

(C)는 대명사로 앞의 명사구를 대신할 수 있지만 접속사 기능은 할 수 없으므로 대명사와 접속사의 기능을 하는 관계대명사로 고쳐야 타당하다. (→ whom)

03 The 17th century was one in that many significant advances
　　　　　　　　　　　　 (A)　　 (B)

were made in both science and philosophy.
　 (C)　　 (D)

관계대명사 that은 전치사 뒤에 쓸 수 없다. 《17세기는 과학과 철학 양쪽에서 중대한 여러 발전이 이루어진 때이다.》

04 The woman whom they think did it has been taken to her
　　　　　 (A)　　　　　　　 (B)　　　 (C)

lawyer for counsel.
　　　 (D)

'did it'의 주어가 없으므로 (A)를 주격 관계대명사 who로 고쳐야 타당하다. 'they think'는 삽입절. 《그것을 했다고 그들이 생각하는 여자가 조언을 구하러 변호사에게 데려가졌다.》

05 Unlike carbon monoxide, which it has no odor, hydrogen
　　　　　　　　　　　　 (A)　　　　 (B)

sulfide emits a powerful stench.
　　　 (C)　　 (D)

선행사가 관계대명사절의 주어이므로 (A)의 it을 삭제해야 타당한 문장이 된다. 《냄새가 없는 일산화탄소와는 달리 황화수소는 지독한 악취를 발산한다.》

06 The supervisor was advised to give the assignment to
　　　　　　 (A)

whomever he believed had a strong sense to responsibility
　 (B)　　 (C)

and the courage of his conviction.
　　　　　　 (D)

선행사를 포함하는 주격 복합 관계대명사 whoever의 용법. he believed 삽입절.

07 Robert had run a more effective campaign as his opponent,
　　　 (A)　　　　　　　　　　　 (B)

but the more he spoke about constitutional change,
　 (C)

the less attention he received.
　　　　 (D)

선행사가 비교급 형용사의 수식을 받으므로 유사 관계대명사 than을 쓴다. 《Robert는 그의 상대보다도 더 효과적인 선거운동을 펼쳤지만 그가 입헌적인 개혁을 주장하면 할수록 사람들의 관심으로부터 더욱 더 멀어져만 갔다.》

08 Seeing what man has already accomplished, it would be
    ‾‾‾‾‾‾   ‾‾‾‾‾‾‾
    (A)   (B)

    rash to place any limits upon that it may accomplish in the
         ‾‾‾‾‾‾‾‾   ‾‾‾‾‾‾‾‾‾‾
         (C)   (D)

    future.

관계대명사 that 앞에는 전치사가 못 온다. 《인간이 이미 성취한 것을 봤을 때, 장차 성취 가능한 한계를 설정하는 것은 성급할 것이다.》

09 A wise and experienced administrator will assign a job to
           ‾‾‾   ‾‾‾‾‾‾‾‾‾‾
           (A)   (B)

    whomever is best qualified.
    ‾‾‾‾‾‾‾‾‾   ‾‾‾‾‾‾‾‾‾‾‾‾
    (C)   (D)

관계대명사절의 주어가 없으므로 주격 복합 관계대명사 whoever로 고쳐야 타당하다. 《지혜롭고 경험 있는 경영자는 가장 적격인 누구에게나 소임을 맡긴다.》

10 Raspberries contain salicylic acid, whose is the active
                ‾‾‾‾‾‾‾   ‾‾‾‾‾   ‾‾‾‾‾‾
                (A)   (B)   (C)

    compound in common aspirin.
                ‾‾‾‾‾‾
                (D)

소유격 관계대명사 whose 다음에 명사가 없으므로 주격 관계대명사 which로 바꾼다. 《산딸기에는 흔한 아스피린의 활성 화합물인 살리실산이 함유되어 있다.》

11 Although atoms are invisible, their patterns may be
                       ‾‾‾‾‾‾‾‾‾
                       (A)

    projected onto the screen of a special microscope which it
             ‾‾‾‾   ‾‾‾‾‾‾‾‾
             (B)   (C)

    magnifies from them over a million times.
                     ‾‾‾‾‾‾‾‾‾
                     (D)

선행사 microscope이 관계대명사절의 주어역할을 하므로 (C)의 it은 삭제해야 타당하다. 《원자는 보이지 않지만 그것들의 형태는 원자를 일백만 배 이상 확대시키는 특수 현미경 유리판 위에 투사될 수 있다.》

유형 1 문장완성
1 ① 2 ④ 3 ⑧ 4 ① 5 ① 6 ⑧ 7 ①

유형 2 틀린 곳 찾기
1 ⓒ 2 ⓒ 3 ④ 4 ④ 5 ④ 6 ⑧ 7 ⑧ 8 ① 9 ⓒ 10 ⑧ 11 ⓒ

CONJUNCTION & ADVERB CLAUSE

▸▸▸▸ 접속사와 부사절 15

접속사

- 용법상 : 등위접속사·종속접속사
- 형식상 : 단순 접속사·구 접속사·상관접속사

Step 55 :: 등위접속사와 상관접속사

두 개의 단어와 단어, 구와 구 혹은 절과 절을 서로 대등한 관계로 연결하는 접속사를 말하며 and, or, but, for, so 등이 여기에 속한다.

01_ 등위접속사

1 **and :** and 앞뒤에 동일한 단어를 반복시켜서 의미를 강조한다.

▸ He tried <u>again and again</u>.

→ 그는 몇 번이고 거듭해서 시도했다.

▸ It was growing <u>darker and darker</u>.

→ 점점 더 어두워지고 있었다.

2 **or :** A or B의 형태로 사용되어 A 혹은 B 라는 뜻으로 선택의 뜻을 갖는다.

▸ Which do you like better, summer <u>or</u> winter?

→ 여름과 겨울 중에서 어느 쪽을 더 좋아하십니까?

▸ Are you going to America <u>or</u> to Europe?

→ 당신은 미국에 가시겠습니까 아니면 유럽에 가시겠습니까?

3 **but :** 서로 상반 혹은 대조가 되는 단어·구·절을 연결하는 등위접속사이다.

▸ She studied very hard, <u>but</u> she didn't pass the exam.

= <u>Though</u> she studied very hard, she didn't pass the exam.

→ 그녀는 매우 열심히 공부했지만, 시험을 통과하지 못했다.

02__ 상관접속사

❶ both A and B = at once A and B : A, B 둘 다 + 복수동사

▶ She is <u>both</u> a teacher <u>and</u> a writer.

= She is <u>at once</u> a teacher <u>and</u> a writer.

= She is a teacher <u>and</u> writer.

→ 그녀는 선생님이자 작가이다.

❷ not only A but also B = B as well as A : A 뿐만 아니라 B도 + 동사 (B)

▶ Not only I but also <u>my sister likes</u> music.

= <u>My sister</u> as well as I <u>likes</u> music.

= Besides me my sister likes music.

→ 나뿐만 아니라 나의 언니도 음악을 좋아합니다.

❸ either A or B A나 B : 둘 중 하나 + 동사 (B)

▶ Either you or <u>I am</u> to go to the park.

→ 너나 나 둘 중 한 사람이 공원에 가야 한다.

❹ neither A nor B : A도 B도 ~가 아니다 + 동사 (B)

▶ Neither you nor I <u>have</u> seen the air.

→ 당신도 나도 공기를 본 적이 없다.

Step 56 :: 종속접속사

- 명사절을 이끄는 접속사 : that, if, whether, 의문사
- 형용사절을 이끄는 접속사 : 관계사
- 부사절을 이끄는 접속사 : when, as, if, though

01__ that

❶ 명사절을 이끌어서 문장의 주어 · 목적어 · 보어가 된다

▶ <u>That he was in error</u> was beyond doubt.

= <u>It</u> was beyond doubt <u>that</u> he was in error.

→ 그가 잘못이라는 것은 의심할 여지가 없다. (주어)

② 목적어나 보어가 되는 명사절을 이끌 때의 that은 생략할 수 있다

▶ The fact is <u>(that) I have lost my watch</u>.

→ 사실은 내가 그 시계를 잃어버렸다.

▶ I believe <u>(that) you'll get on in the world</u>.

→ 나는 네가 출세하리라고 믿는다.

02_ if · whether

"~인지 아닌지"라는 뜻으로 명사절을 이끌어 문장의 주어·보어·목적어가 된다.

▶ <u>Whether he will come or not</u> is uncertain.

= It is uncertain whether he will come or not.

→ 그가 올지 안올지는 확실하지 않다. (주어)

▶ He asked me <u>whether (= if) I knew Chinese</u>.

→ 그는 내가 중국어를 아는지 물어보았다. (목적어)

▶ The point is <u>whether (= if) she likes the plan</u>.

→ 중요한 점은 그녀가 그 계획을 좋아하는지의 여부이다. (보어)

03_ 시간의 접속사 (1) : when · while · as · since

▶ <u>When</u> the cat is away, the mice will play.

→ 고양이가 없으면, 쥐들이 판을 친다.

▶ Work <u>while</u> you work, play while you play.

→ 일할 때는 일하고 놀 때는 놀아라.

▶ It is long time <u>since</u> I saw you last.

→ 지난 번 당신을 본 이후로 오래 되었어요.

04_ 시간의 접속사 (2) : until · before · after

▶ I did <u>not</u> hear the news <u>until</u> I came here.

= It was not until I came here that I heard the news.

→ 이 곳에 도착하고 나서야 나는 그 소식을 들었다.

▶ It will not be long before they get married.

= Before long (= Soon) they will get married.

→ 곧 그들은 결혼할 것이다.

▶ We played after we our homework.

→ 우리들은 숙제를 한 뒤에 놀았다.

05__ 시간의 접속사 (3)

1 **as long as = while :** ∼하는 한

▶ I will help you <u>as long as</u> I live.

= I will help you <u>while</u> I live.

→ 내가 살아 있는 한 너를 도와주겠다.

2 **whenever = every time :** ∼할 때는 언제나

= not(never) ∼ but + 주어 + 동사∼

= not(never) ∼ without + 동명사∼

▶ <u>Whenever</u> it rains, it pours.

= <u>When</u> it rains, it <u>always</u> pours.

= It <u>never</u> rains <u>but</u> it pours.

= It <u>never</u> rains <u>without</u> pouring.

→ 비가 오면 언제나 억수로 퍼붓는다.

06__ 시간의 접속사 (4)

● **As soon as, 주어 + 동사 … :** ∼하자마자 ∼하다

= No sooner + had + 주어 + p.p. than + 주어 + 동사 …

= Scarcely (Hardly) + had + 주어 + p.p. when(before) + 주어 + 동사 …

= On (Upon) ∼ing, 주어 + 동사 …

▶ <u>As soon as</u> he saw me, he ran away.

= <u>No sooner</u> had he seen me <u>than</u> he ran away.

= <u>Scarcely</u> had he seen me <u>when</u> he ran away.

= <u>On</u> see<u>ing</u> me, he ran away.

→ 그는 나를 보자마자 도망갔다.

07_ 원인, 이유의 접속사 : as · since · because

▶ <u>As</u> it grew dark, I turned back.

→ 어두워졌기 때문에 나는 돌아왔다.

▶ <u>Since</u> I feel sick, I can't go with you.

→ 나는 몸이 아프기 때문에 너와 함께 갈 수 없다.

▶ We stayed at home <u>because</u> it rained.

= We stayed at home <u>because of</u> rain.

→ 비 때문에 우리들은 집에 있었다.

08_ 목적을 뜻하는 접속사

1 **(so) that ~ may… :** ~하기 위해서

▶ I study hard <u>so that</u> I <u>may</u> succeed.

= I study hard <u>in order to</u> succeed.

= I study hard <u>for the purpose of</u> succeeding.

→ 나는 성공하기 위해서 열심히 공부한다.

2 **lest ~ should… = (so) that may not :** ~하지 않기 위해서

▶ I study hard <u>lest</u> I <u>should</u> fail.

= I study hard <u>so that</u> I <u>may not</u> fail.

= I study hard <u>in order not to</u> fail.

→ 나는 실패하지 않기 위해서 열심히 공부한다.

09_ 양보를 뜻하는 접속사

1 though, although : 비록 ~이지만

▶ <u>Though</u> he is a bad sailor, he is fond of traveling.

→ 그는 비록 엉터리 선원이지만 여행을 좋아한다.

2 even if = even though : 비록 ~라 할지라도

▶ <u>Even if</u> it should rain tomorrow, I am determined to go.

→ 비록 내일 비가 온다 할지라도 나는 갈 결심이다.

3 no matter + 의문사… : 아무리 ~한다 할지라도

▶ <u>No matter what</u> he may do, he dose it well.

→ 그는 무엇을 한다 할지라도 잘한다.

4 whether A or B : A 이든 B 이든 간에

▶ Any man should work hard, <u>whether</u> he is rich <u>or</u> poor.

→ 가난하든 부자든 어떤 사람이든지 열심히 일해야 한다.

10_ 접속부사
접속부사는 주절을 연결하며, 절 사이의 관계를 연결해 준다.

1 추가 : 게다가, 또한

also, besides, furthermore, in addition, moreover

2 대조 : 그러나, 반대로

however, instead, nevertheless, still, on the contrary

3 원인·결과 : 결과적으로, 그러므로

as a result, consequently, hence, therefore, thus

▶ A black pigment absorbs all three primary colors; therefore it appears black.

→ 검정 색소는 3개 원색을 흡수한다 : 그래서 검정으로 보이는 것이다.

부사절

Step 57 :: 양보절

01_ as 양보절

- **형용사 (부사 · 명사) + as + 주어 + 동사 형태의 도치 구문**
  - ▶ Late <u>as</u> it was, we decided to visit him.
  - → 늦기는 했지만, 우리는 그에게 방문하기로 했다.
  - ▶ Hero <u>as</u> he was, he turned pale.
  - → 비록 그가 영웅이었을지라도, 그는 창백해졌다. (명사는 관사 생략)
  - ▶ Old <u>as</u> she may be, Mary is still very beautiful.
  - → 비록 그녀가 늦었다 하더라도, 메리는 여전히 매우 아름답다.

02_ 명령형 양보절

동사원형으로 시작된다.

1 원형 + wh-절 : 비록 ～할지라도
  - ▶ <u>Go where you like</u>, I will follow you.
  - → 어디를 간다 할지라도 당신을 따라가겠다.

2 be it ever so + 형용사 : 비록 ～일지라도
  - ▶ <u>Be it ever so humble</u>, there's no place like home.
  - → 아무리 누추하다 할지라도 집만한 곳은 없다.

03_ whether ~ or 양보절

등위상관접속사이면서 양보절을 이끈다.
  - ▶ I will let him do it <u>whether he likes it or not</u>.
  - → 그가 좋아하든지 싫어하든지 간에 그것을 하게 시키겠다.

▶ <u>Whether</u> you take a bus <u>or</u> a taxi, it will make no difference.

→ 택시를 타든 버스를 타든 별 차이가 없을 것이다.

Step 58 :: 주요 부사절의 예

01_ 결과절

1 So + 형용사(부사) + that절 : 너무 ~한 결과 ~하다

▶ She was <u>so</u> late <u>that</u> she missed the bus.

→ 그녀는 너무 늦어서 버스를 놓쳤다.

▶ He reacts <u>so</u> quickly <u>that</u> none can match him.

→ 그는 너무 빨리 반응해서 아무도 그와 필적하는 자가 없다.

2 Such + (a) + (형용사) + 명사 + that절 : 너무 ~해서 ~하다

▶ It was <u>such</u> a good night <u>that</u> we had gone out.

→ 너무 멋진 밤이라서 우리는 밖으로 나갔다.

▶ It was <u>such</u> good weather <u>that</u> we went on a picnic.

→ 날씨가 너무 좋아서 우리는 소풍을 갔다.

3 so that절 : 그래서 ~하다

▶ He took no notice of her, <u>so that</u> she blew a fuse.

→ 그가 못 본 체하자 그녀는 화를 냈다.

▶ She had a headache, <u>so that </u>she went to bed.

→ 그녀는 두통이 있어서 그래서 그녀는 잠자리로 갔다.

02_ 양태절

1 As : ~처럼, ~대로

▶ Do in Rome <u>as</u> the Romans do.

→ 로마에 가면 로마법을 따르세요.

▶ The steak is cooked how as I like it.

→ 스테이크가 내가 좋아하는 대로 요리되었다.

2 As ~ so … : ~하듯이 ~하다

▶ <u>As</u> you treat me, <u>so</u> will I treat you.

→ 당신이 내게 대하는 대로 나도 당신을 대하겠다.

▶ <u>As</u> the desert is like a sea, <u>so</u> is the camel like a ship.

→ 사막과 바다의 관계는 낙타와 배의 관계와 같다.

3 As if · As though : 마치 ~처럼

▶ She talks <u>as though</u> she knew everything.

→ 그녀는 모든 것을 다 아는 것처럼 이야기했다.

▶ He treated me just <u>as if</u> he had never met me.

→ 그는 나에게 마치 다시는 만나지 않을 것처럼 대했다.

03_ 비례절

1 As : ~함에 따라

▶ <u>As</u> the sun rose, fog disappeared.

→ 태양이 뜸에 따라 안개가 걷혔다.

▶ <u>As</u> she grew disheartened, her work deteriorated.

→ 그녀가 낙심함에 따라 그녀의 일은 악화되었다.

2 The + 비교급/ the + 비교급 : ~할수록 더 ~하다

앞의 the는 비례절을 이끄는 접속사, 뒤의 the는 지시부사이다.

▶ The more you practice, the better you get.

→ 연습을 많이 할수록 더 나아진다.

▶ The fewer (we sow) seeds, the fewer plants (we will have).

→ 더 적게 씨를 뿌릴수록 더 적은 식물을 거둔다.

04_ 시간절

1 **As soon as = On ~ing = The moment = The instant :** ~하자마자

▶ <u>As soon as</u> he arrived there, he visited his friends.

= <u>On arriving</u> there, he visited his friends.

→ 그는 거기에 도착하자마자 그의 친구들을 방문했다.

▶ I know who it was <u>the moment</u> he spoke.

→ 나는 그가 말하자마자 누구인지 알았다.

▶ <u>The instant</u> he comes, let me know.

→ 그가 오자마자 나에게 알려주세요.

2 **No sooner ~ than = Scarcely ~ before = Hardly ~ when :** ~하자마자

▶ <u>No sooner</u> had I locked the door <u>than</u> the key broke.

= <u>Scarcely</u> had I locked the door <u>before</u> the key broke.

= <u>Hardly</u> had I locked the door <u>when</u> the key broke.

= <u>As soon as</u> I locked the door, the key broke.

→ 문을 잠그자마자, 열쇠가 부러졌다.

3 **By the time :** ~할 때쯤에는

▶ I must finish this <u>by the time</u> he arrives.

→ 그가 도착할 때쯤에 나는 이것을 끝마쳐야만 한다.

▶ She will be in Seoul <u>by the time</u> I arrive in Su-won.

→ 내가 수원에 도착할 때쯤에 그녀는 서울에 있을 것이다.

기타 접속사

1 **that :** ~때문에

now that : ~이므로

▶ I am glad <u>that</u> you've completed the work.

→ 나는 당신이 일을 끝마쳤기 때문에 기쁩니다.

▶ <u>Now that</u> she is gone, I have no one to love.

→ 그녀가 가버렸으므로 나는 사랑할 사람이 아무도 없다.

2 in that : ～라는 점에서

seeing(considering that) : ～이므로, ～을 고려하면

- ▶ The difference lies <u>in that</u> man has reason.
- → 차이에 있다는 점에서 그는 이유를 가지고 있다.
- ▶ <u>Seeing that</u> it's raining, let's stay in.
- → 비가 오니까, 머무릅시다.

3 in as much (in so far) as : ～때문에, ～하는 한

- ▶ <u>In as much as</u> we have got liberty, we may do whatever we like.
- → 우리에게 자유가 있는 한, 우리는 우리가 원하는 무엇이라도 할 수 있다.

4 Whereas : 콤마(,)와 함께 '반면에'라는 뜻으로 쓰인다.

- ▶ Some students like English, <u>whereas</u> others don't.
- → 몇 명의 학생들은 영어를 좋아하는데 반하여 몇 명은 그렇지 않다.

CONJUNCTION & ADVERB CLAUSE
접속사와 부사절

접속사

유형 **1** 문장완성

He doesn't study English hard, —————— he speaks good English.

(A) and   (B) but

(C) moreover   (D) so

문맥상 역접관계인 but이 필요하다. 답 B

---

01 At first we agreed —————— later out ideas became divergent.

(A) but   (B) and

(C) nonetheless   (D) while

agreed와 became divergent라는 정반대의 내용을 연결하므로 but이 정답. (E) while(~하는 반면에)은 대조되는 내용을 연결해 주며 문장 앞이나 뒤에 온다.

02 I want you to do this work and —————— promptly.

(A) this   (B) such

(C) so   (D) that

and의 관용적 표현. and that(게다가, 그것도).

03 More than twelve hours of my school week are spent in one of the dingiest —————— most versatile rooms of the Arts Building.

(A) yet   (B) likely

(C) otherwise   (D) one

(E) out

내용상 상반되는 dingiest와 most versatile을 연결시키므로 yet이 정답. the dingiest yet most versatile(가장 음침하지만 용도가 다양한).

04 He is very late. Something must have happened, —————— he would have been here now.

(A) and   (B) or

(C) so   (D) so that

가정법 if절을 대신하는 or. 이때 or는 otherwise(그렇지 않았다면)를 뜻하며, if something had not happened를 대신한다.

229

05 In cities most of the ground is covered with concrete
_____ asphalt.

(A) or it is   (B) is with

(C) its   (D) or

(D) or (it is covered with asphalt) : 등위 접속 원칙에 의해 반복되는 어구를 생략했다.

06 His mother bought him a new jacket just last winter,
_____ already it is too small for him.

(A) where   (B) since

(C) and   (D) or

'첨가' 를 표시하는 등위접속사 and가 정답. (A), (B) 대등한 두 문장을 연결해야 하므로 등위접속사가 있어야 한다.

07 With X-ray microscopes scientists can see through live
insects_____ even through solid pieces of metal.

(A) however   (B) nevertheless

(C) or   (D) yet

even으로 보아 대등한 두 어구 'through live insects' 와 'through solid pieces of metal' 중에 선택하는 or가 정답.

08 The decay of tooth enamel is actually due to the action of
bacteria that eat sugar,_____ .

(A) and not to sugar itself   (B) and sugar not to itself

(C) but is not to the sugar   (D) is not to sugar

(A) and (the decay of tooth enamel is) not (due) to sugar itself.

09 Although there are so many women in the labor force
today, they are still facing many problems. For one thing,
women workers do not yet receive equal treatment in the
job market,_____ in the area of hiring, _____
in the area of salary.

(A) not, but   (B) as, as

(C) both, and   (D) either, or

「not + either or(=neither nor)」 구문. (C) both는 not과 결합할 경우 부분 부정이 되어 위의 문맥에 맞지 않는다. 《오늘날 매우 많은 여성들이 노동을 하고 있지만 아직도 많은 문제들에 직면하고 있다. 그 한 가지로 여성 노동자들은 고용 시장에서 취업면이나 봉급면에서 아직 동등한 대우를 받지 못하고 있다.》

10 Emily Carr's travels along the west coast of Canada were
very influential in her life, _____ were the inspiration
to many of the greatest works of art.

(A) owing to   (B) for they

(C) much of   (D) through the

'추가 · 첨가 · 부가적 이유' 를 나타내는 준등위접속사 for. 빈 칸 앞도 문장(동사 were)이고 뒤도 문장(동사 were)이므로 빈 칸에 접속사가 있어야 한다.

11 _____ late for the meeting, but he also arrived rather drunk.

  (A) He was   (B) Not only was he

  (C) Neither was he   (D) Not only he was

「not only A but also B」(A뿐만 아니라 B도) 구문. 뒤의 but also 때문에 빈 칸에는 not only가 와야 한다. (D) 부정어(not only)가 문두에 오면 「주어 + (조)동사」가 「(조)동사 + 주어」로 도치되어야 한다. 《그는 회의에 늦었을 뿐 아니라 술에 취해 나타났다.》

12 _____ are the juice and pulp of the grape useful, but various products are made from the skins and seeds.

  (A) Not that they   (B) They never

  (C) Neither   (D) Not only

also가 생략된 「not only but (also)」 구문. 중간에 있는 접속사 but은 but also의 생략형이다. 부정어 not only가 문두에 오면 「주어 + (조)동사」가 「(조)동사 + 주어」 형태로 도치된다.

13 We must leave the party at exactly 9:00; _____ we'll be late for work.

  (A) for else   (B) other

  (C) else   (D) otherwise

접속사로 쓰인 세미콜론(;). 「유사명령문(must), or」 구문에서 or 대신 조건 표시 접속부사 otherwise가 쓰인다.

14 Neither my gloves nor my hat _____ with this dress.

  (A) goes   (B) go

  (C) becomes   (D) become

  (E) are to become

「neither A nor B」구문에 수를 일치시킨다. (A) go with(조화되다, 어울리다 = match).

15 When they were written, many nursery rhymes were intended not for children _____ for adults.

  (A) nevertheless   (B) instead of

  (C) on the other hand   (D) but

「not A but B」 구문. (D) not for children but for adults 《어린이를 위해서가 아니라 어른들을 위해서이다.》

16 Economic goods may take the form _____ of material things or services.

  (A) either   (B) because

  (C) as   (D) or

「either A or B」 구문. either of material things or (of) services(물질적인 것이든 서비스 형태의 것이든). (B), (C), (D) or와 호응을 이루려면 either가 와야 한다.

Despite he lost his son last month, he smiles at all time.
　(A)　　　　(B)　　　(C)　　　　　　(D)

Despite은 전치사이므로 뒤에 「주어 + 동사」가 올 수 없다.
답 A (→ Although)

01 We cannot conquer disease, nor we cannot educate
　　　(A)　　　　　　(B)　　　　(C)

all humanity.
　(D)

「not A nor B」(A도 아니고 B도 아니다) 구문. (C) 앞의 nor가 'and not'의 뜻이므로 다시 부정어를 취할 수 없고, 부정어(nor)가 문두에 오면 「주어 + 조동사」는 도치된다. 《우리는 질병을 정복할 수도 없고 모든 인간을 교육시킬 수도 없다.》

02 Either the structure and the chemical composition of the
　(A)　　　(B)　　　　　　　(C)

body are complex.
　　　(D)

「both A and B」 구문. (A) and로 미루어 either는 올 수 없고 동사가 are로 쓰인 것으로 보아 「both A and B」 구문임을 알 수 있다.

03 Because the extremely dry weather, we had better be
　(A)　　　(B)　　　　　　　(C)　　(D)

careful about the fire works.

because는 접속사로 뒤에 절이 나와야 하며 명사가 나올 때는 because of가 되어야 한다.

유형 1 문장완성

1 ⓐ　2 ⓓ　3 ⓐ　4 ⓑ　5 ⓓ　6 ⓒ　7 ⓒ　8 ⓐ　9 ⓓ　10 ⓑ　11 ⓑ　12 ⓓ　13 ⓓ
14 ⓐ　15 ⓓ　16 ⓐ

유형 2 틀린 곳 찾기

1 ⓒ　2 ⓐ　3 ⓐ

부사절

유형 **1** 문장완성

I will forgive him _____ he is guilty or not.

(A) if   (B) whether

(C) that   (D) although

문맥상 양보절을 이끄는 whether가 적절. 답 B

---

01 _____ I looked, there were dirty footprints.

(A) Everywhere   (B) Anywhere

(C) Somewhere   (D) As

장소 부사절을 이끄는 everywhere(~하는 곳이 어디나). (A) Every place where. (B) Anywhere는 접속사로 잘 쓰이지 않는다. 《어디를 둘러보나 더러운 발자국이 나 있었다.》

02 Wood furniture does not depreciate in value _____ properly handled and protected.

(A) if   (B) has

(C) and   (D) that

종속절(빈 칸 이하)이 주절에 대한 조건을 나타내므로 조건절을 이끄는 if가 필요하다. (A) if (it is) properly handled.

03 _____ two waves pass a given point simultaneously, they will have no effect on each other's subsequent motion.

(A) So that   (B) They are

(C) That   (D) If

문맥상 조건절이 와야 한다.

04 Let's keep the heating on _____ the temperatures drop below zero overnight.

(A) unless   (B) in case

(C) as   (D) for

'~할 경우에 대비해서'라는 의미의 조건절을 이끄는 in case가 정답. (A) 의미상 반대. (C) as는 문두에 쓰인다. (D) for 앞에 콤마가 와야 한다.

05 _____ , he is happy.

(A) Poor although he is   (B) If he is poor

(C) Poor as he is   (D) For he is rich

'행복하다'와 '가난하다'를 결합시키기 위해서는 양보절이 필요하다. (A) Although he is poor가 되어야 한다. (B) Even if he is poor가 되어야 한다.

06 I need to find an apartment before I can move. _____ I can find one in the next week or so, I will move to Seoul the first of next month.

(A) Due to   (B) Only if
(C) Even if   (D) But still
(E) Provided that

'아파트를 일 주일 안에 구하는 것' 이 이사의 선결 조건이다. 강한 조건을 나타내는 provided that(=if and only if)이 정답. (A) 전치사. (C) 양보절에 쓰인다. (D) 등위접속사.

07 _____ they reached there safely, they couldn't forget the incident.

(A) Though   (B) However
(C) But   (D) Therefore
(E) Nevertheless

양보절을 이끄는 though가 정답. nevertheless(그럼에도 불구하고)는 부사.

08 No _____ what career path he chooses, he is assured of success.

(A) wonder   (B) telling
(C) matter   (D) believing

양보절을 이끄는 「no matter + 의문사」 용법. no matter what(무엇을 할지라도 = whatever).

09 The first time I went swimming in deep water, I sank to the bottom like a rock. _____ I've learned to stay afloat, I feel better about the water, but I still can't swim well.

(A) When   (B) Now that
(C) As soon as   (D) As long as
(E) The first time

다소 간접적인 이유를 표시할 때 now that(이므로)을 쓴다. '물에서 편해진 이유는 물에 뜨는 법을 배웠기 때문' 이라는 문맥. (A), (C), (E) 때(시점)를 나타내는 접속사이므로 완료시제와 함께 안 쓰인다. (D) as long as(~동안, ~하는 한)의 경우는 As long as I know how to stay afloat, I will feel이면 옳은 문장.

10 _____ coming out of the Chinese monk's hands that it was known to lift a grown-up man from his seat.

(A) So great was the force
(B) The force was so great
(C) The great force was
(D) How great was the force
(E) So great force was

결과절을 이끄는 so that(너무 ~해서 ~하다) 구문. so가 원래 자리에서 앞으로 나가면 도치된다. The force was so great that. → So great was the force that. 《중국 승려의 손 힘은 워낙 세서 앉아 있는 어른도 들어 올릴 수 있다고 알려져 있다.》

11 _____ people depend on forests, every effort must be made to preserve trees and wildlife.

(A) That　　　　　　　　(B) What

(C) Since　　　　　　　 (D) Which

빈 칸에는 '이유'를 나타내는 접속사가 와야 한다. 《사람들은 산림에 의존해 살아가기 때문에 나무와 야생 동물 보호를 위한 온갖 노력을 기울여야 한다.》

12 Try as he _____, he was unable to win her over to his cause.

(A) would　　　　　　　(B) did

(C) might　　　　　　　(D) could

명령형 양보절 「Try as + S + may」 본문의 시제가 과거이어서 may가 might로 바뀌었다. (C) Try as he might = No matter how hard he might have tried. 《그는 아무리 열심히 노력했지만 그녀가 자기의 동기에 응하도록 설득시킬 수가 없었다.》

유형 **2** 틀린 곳 찾기

Since that he is gone, we miss him very badly.
　(A)　　　　　(B)　　　　　 (C)　　(D)

Not that = since(~이므로)
답 A

---

01 Although it grew darker, it became colder.
　　(A)　　　(B)　　　　(C)　　　　(D)

비례를 나타내는 as가 옳다. 이때 as는 '~함에 따라'가 된다.
(Although → As)

02 As you treat me, and will I treat you.
　(A)　　　　　　　(B)　(C)　　(D)

양태절을 나타내는 「as ~ so…」 '~하는 것처럼 그렇게 하다'
(and → so)

유형 **1** 문장완성

1 Ⓐ　2 Ⓐ　3 Ⓓ　4 Ⓑ　5 Ⓒ　6 Ⓔ　7 Ⓐ　8 Ⓒ　9 Ⓑ　10 Ⓐ　11 Ⓒ　12 Ⓒ

유형 **2** 틀린 곳 찾기

1 Ⓐ　2 Ⓑ

235

COMPARATIVE STRUCTURE
비교구문
16

Step 59 :: 비교의 변화 형식

1 **비교급 -er, 최상급 -est :** 단음절어 및 흔히 쓰는 2음절어.
- simple – simpler – simplest
- easy – easier – easiest

2 **비교급 more, 최상급 most :** 2음절어 및 3음절 이상.
- active – more active – most active
- heavily – more heavily – most heavily

3 **라틴어 비교는 to를 이용하여 비교구문을 만든다**

- superior to = better than : ~보다 우수한
- inferior to = worse than : ~보다 열등한
- prior to = before then : ~보다 이전의
- anterior to = earlier than : ~보다 앞선
- posterior to = later than : ~보다 뒤의
- senior to = older than : ~보다 나이가 많은
- junior to = younger than : ~보다 나이가 적은

▶ He is <u>senior to</u> me by two years.

= He is my senior by two years.

→ 그는 나보다 두 살 많다.

* 영어에는 prefer 동사가 비교급에 to를 쓴다.

▶ He <u>prefers</u> an apple <u>to</u> a banana.

→ 그는 바나나보다 사과를 더 좋아한다.

원급과 비교급

1 우등비교 : (-er / more) + than : 더 ~하다

▶ Mary is <u>kinder than</u> Joe.

→ 메리는 조보다 더 친절하다.

2 열등비교 : less + 원급 + than : 덜 ~하다

▶ Mary is <u>less</u> kind <u>than</u> Joe.

→ 메리는 조보다 덜 친절하다.

3 동등비교 : as + 원급 + as : ~만큼 ~하다

▶ Tommy can run <u>as</u> fast <u>as</u> Joe.

→ 토미는 조만큼 빠르게 달린다.

● **동등비교의 부정 : not ~ as + 원급 + as :** ~만큼 ~하지 않다

▶ Tommy <u>cannot</u> run <u>as</u> fast <u>as</u> Joe.

→ 토미는 조만큼 빠르게 달리지 못한다.

▶ Mary is <u>not so</u> kind <u>as</u> Tommy.

→ 메리는 토미만큼 친절하지 않다.

Step 60 :: 비교구문과 최상급구문

1 비교급에 차이의 정도를 언급할 때는 by를 사용하여 표현한다

▶ This is three inches longer than that.

= This is longer than that <u>by</u> three inches.

→ 이것은 저것보다 3인치가 더 길다.

2 get + 비교급 : 점점 더 ~하다

▶ It is getting harder and harder.

→ 그것이 점점 더 힘들어진다.

3 비교급에 the가 붙는 경우

① the + 비교급, ~the + 비교급 : ~하면 할수록 그만큼 ~하다

▶ The sooner, the better.

→ 빠르면 빠를수록 그만큼 더 좋다.

② the + 비교급 + of the two : 둘 중에서 더 ~하다

▶ Joe is <u>the taller</u> of the two.

→ 조가 둘 중에서 더 크다.

③ the + 비교급 + for : ~때문에 더 ~하다

▶ You will be <u>the better for</u> a little rest.

→ 당신은 조금만 휴식을 취하면 그만큼 더 좋아질 것입니다.

4 비교급을 강조하는 부사 : much · even · far still · a lot · by far

▶ This photocopier has worked <u>even better</u> than it did.

→ 이 복사기는 전보다 기능이 훨씬 좋아졌다.

최상급의 여러 가지 표현 방법

1 the + 최상급

▶ Robert is <u>the tallest</u> boy in the class.

→ 로버트는 학급에서 키가 제일 큰 소년이다.

2 the + 최상급 + 명사 + 주어 + have + (ever) + P.P.

▶ Mr. Baker was <u>the cleverest</u> man she had <u>ever</u> met.

→ 베이커 씨는 그녀가 만난 사람 중에서 가장 영리한 사람이다.

3 the + 최상급 + 명사 + of (all) + 복수명사

▶ Jerry had <u>the least</u> difficulty <u>of all the students</u> figuring out the problem.

→ 제리는 그 문제를 이해할 때, 가장 어려움이 적었다.

4 the + 최상급 + 명사 + in + 단수명사(장소 · 범위)

▶ Yesterday's play was <u>the most exciting in this series</u>.

→ 어제의 연극은 이 시리즈에서 가장 흥미로웠다.

5 비교구문을 통한 최상급 구문

비교급 + than + any + other + 단수명사

= 부정어 + 비교급 + than

= 부정어 + so + as

▶ Shakespeare is <u>the most famous</u> of all dramatists.

= Shakespeare is the <u>more</u> famous <u>than any other dramatist</u>.

= <u>No</u> other dramatists is <u>more</u> famous <u>than</u> Shakespeare.

= <u>No</u> other dramatists is <u>so</u> famous <u>as</u> Shakespeare.

→ 셰익스피어는 모든 극작가 중에서 가장 유명하다.

● **자주 출제되는 비교구문**

- neither more or less (than) : 그 이상도 그 이하도 아니다
- no other than = cannot but : 다름 아닌 바로
- get (have) the better of ~ : ~을 이기다
- nothing better than ~ : 바로 ~이다
- not less than = at least : 적어도
- no less than = as ~ as : ~와 마찬가지
- no more than = ar most : 기껏해야
- no more than = only : 겨우

COMPARATIVE STRUCTURE

실전문제

유형 **1** 문장완성

Although the name was not popularized until the Middle Ages, engineering _____ civilization.

(A) as old as   (B) is as old as

(C) that is old as   (D) as old as that

big, expensive, light, small, cheap, hard, little, tall, clear, heavy, long, young, cold, hot, old, easy, large, short 등 과 같은 질을 나타내는 형용사 는 비교에서 구체적인 특징을 명시할 때 사용한다. 답 B

---

01 The works of Picasso were quite _____ during various periods of his artistic life.

(A) differ   (B) different

(C) different from   (D) different than

different from은 비교하는 두 명 사 사이에서 사용된다.

---

02 After the purchase of the Louisiana Territory, the United States had _____ it had previously owned.

(A) twice more land than

(B) two times more land than

(C) twice as much land as

(D) two times much land than

배수비교에서 사용되는 수로는 half, twice, three times, four times, five times, ten times 등이 다. ex) We have half as many as we need.

---

03 In the Great Smoky Mountains, one can see _____ 150 different kinds of trees.

(A) more than   (B) as much as

(C) up as   (D) as many to

more than과 less than은 측정된 구체적인 수 앞에 쓰인다.

---

04 The blue whale is _____ known animal, reaching a length of more than one hundred feet.

(A) the large   (B) the larger

(C) the largest   (D) most largest

최상급은 두 개 이상을 비교할 때 쓰인다.

05 The Disney amusement park in Japan is _____ Florida or California.

(A) the largest than the ones in

(B) larger than the ones in

(C) larger the ones in

(D) the largest of the ones

2~3음절 이상의 형용사는 비교급에 그 형용사 앞에 more이나 less를 붙이고 1음절의 형용사에서는 그 음절 끝에 -er을 붙인다. 또한 2음절이고 끝이 y로 끝나는 형용사는 y를 i로 고치고 -er을 붙인다.

06 It is generally true that the lower the stock market falls, _____ .

(A) higher the price of gold rises

(B) the price of gold rises high

(C) the higher the price of gold rises

(D) rises high the price of gold

두 개의 비교형이 같이 쓰일 때 처음의 것은 원인을 두 번째 것은 결과를 나타낸다. the + 비교급, the + 비교급 ~하면 할수록 더 ~하다.

07 The total production of bushels of corn in the United States is all _____ other cereal crops combined.

(A) more as

(B) more than that of

(C) more of

(D) more that

비교되는 명사는 동등한 위치에 있어야 한다.

08 _____ in Stevenson's landscapes, the more vitality and character the paintings seem to possess.

(A) The brushwork is loose

(B) The looser brushwork

(C) The looser brushwork is

(D) The looser the brushwork is

주어와 동사가 있어야 하며 비교급은 명사 앞에서 위치한다.

09 Although gorillas are extremely muscular, with enormous canine teeth, they are not _____ they look.

(A) as fierce   (B) fiercer as

(C) as fierce as   (D) as the fiercest

「not as ~ so ~ as」 ~만큼 ~하지 못한. as ~ as 부정형.

10 The speed of light is _____ the speed of sound.

(A) faster

(B) much faster than

(C) the fastest

(D) as fast

비교급의 문장이므로 -er than을 사용한 비교급을 써야 하며 faster 를 강조하기 위해서 much를 사용한다.

11 Glass that has been tempered may be up to _____.

(A) five times as hard as ordinary glass

(B) as hard as ordinary glass five times

(C) hard as ordinary glass times five

(D) ordinary glass as hard as five times

배수비교는 「배수사 + as ~ as」 의 형식을 사용한다.

12 The price is very reasonable; I would gladly have paid _____ he asked.

(A) three times as much as

(B) three times more than

(C) as much three times as

(D) three times so many as

「배수사 + as ~ as」의 배수 비교 구문이다.

13 According to psychologists, a person's attention is attracted _____ by the intensity of different signals as by their context, significance, and information content.

(A) much not so

(B) not so much

(C) so not much

(D) so much not

「not so much A as B」(A라기 보 다는 B이다). 《심리학자들에 따르 면, 개인의 관심은 다른 신호들의 강도에 의해서가 아니라 그 신호 들의 상황, 의미, 그리고 정보 내 용에 의하여 이끌려진다고 한다.》

14 The water temperature surrounding the kelp beds is _____ than that around reefs.

(A) cool

(B) coolest

(C) more cool

(D) cooler

than이 있으므로 비교급이 요구 된다. cool은 단음절이므로 more 를 쓸 수 없다.

15 I've had _____ time to decide.

(A) than enough more

(B) more than enough

(C) than more enough

(D) enough than more

형용사 enough는 명사 앞에 놓이 며 enough를 수식하는 more than 이상은 enough 앞에 놓인 다.

16 Your overcoat is _____ in quality _____ mine.

(A) superior - to

(B) more superior - to

(C) inferior - than

(D) superior - than

라틴계 비교급은 than 대신 to를 쓴다. → superior A to B : B보다 A가 더 낫다.

17 I think his mother is _____ than wise.

    (A) kind   (B) kinder

    (C) kindest   (D) more kind

동일인의 성질, 경향을 비교할 때는 음절수에 관계없이 원급에 more를 붙인다. (=his mother is kind rather than wise)

18 This lesson is _____ than the last.

    (A) more easier   (B) much easier

    (C) very easier   (D) more easy

much, still, even, (by) far 등은 비교급을 강조한다.

19 "Anne acts quite unfriendly."

    "I think she's _____ than unfriendly."

    (A) shyer   (B) shy

    (C) more shy rather   (D) more shy

동일인의 성질, 경향 비교는 음절수에 관계없이 more를 붙인다.

20 "What do you think about him?"

    "John walks _____ than Paul."

    (A) more slow   (B) many more slow

    (C) more slowly   (D) much more slow

「형용사 + ly」인 부사의 비교급은 more를 붙인다.

21 Of the two candidates, I think _____ .

    (A) Mr. Grant is best suited

    (B) Mr. Grant is suited best

    (C) Mr. Grant is the better suited

    (D) that is better suited of them

「of the two」의 표현이 있을 때 비교급에 the를 붙인다.

22 On logical reasons, the thicker clouds, _____ .

    (A) the storm will be fiercer

    (B) fiercely the storm

    (C) the fiercer the storm

    (D) fierce storm will come

「the + 비교급, the + 비교급」 구문.

The tides of the indian Ocean <u>vary</u> greatly, <u>but</u> <u>not too</u>
                               (A)   (B)   (C)

much as <u>those</u> in the Atlantic or Pacific.
      (D)

not so much as.(~만큼 그렇게 많지 않다.) 답 C

---

01 Tom <u>is considered</u> <u>to be</u> <u>as efficient,</u> if not more efficient
         (A)   (B)   (C)

than, <u>the other</u> workers in his office.
      (D)

이중비교구문이므로 완전한 동등비교 형식이 갖추어져야 한다. (C) → as efficient as. =Tom is considered to be as efficient as the other workers in his office, if not more efficient.

02 Few United States cities have grow <u>as rapidly that</u>
                                      (A)

Los Angeles, which had 1,610 <u>inhabitants</u> in 1850 and
                           (B)

<u>currently</u> has a population <u>of around</u> 3 million.
   (C)   (D)

동등비교구문의 부정이다 (A) → so ~ as rapidly as.

03 The song of Bob Dylan are very popular

among <u>young people</u> <u>who regard</u> him <u>as more superior</u>
       (A)   (B)   (C)

<u>to other musicians.</u>
    (D)

superior가 비교급이므로 more는 불필요하다. 따라서 삭제하든지 비교급을 수식하는 much로 해야한다. (C) → as superior 또는 as much superior.

04 Climate, soil type, and <u>availability</u> of water <u>are</u> the most
                        (A)   (B)

critical factors <u>than</u> selecting <u>the best</u> type of grass for a
            (C)   (D)

lawn.

than → in (최상급 구문)

05 He took down the <u>largest</u> of the two dictionaries and <u>began</u>
                      (A)   (B)

to <u>search</u> for the word he <u>had</u> misspelled.
  (C)   (D)

> of the two (dictionaries)가 있으므로 → larger

06 Of all his <u>outdoor</u> activities, Paul likes fishing <u>best of all</u>,
             (A)   (B)

but <u>he</u> doesn't enjoy cleaning the <u>fishing</u> roads afterwards.
   (C)   (D)

> 문두에 of all이 있으므로 (B)의 of all은 불필요하다. (B) → best.

07 Michael Jordan is <u>considered</u> by <u>many</u> to be one of the
                       (A)   (B)

<u>most</u> greatest basketball players playing <u>today</u>.
  (C)   (D)

> greatest가 최상급이므로 most는 불필요하다.

08 Frank Wright <u>has been acclaimed</u> by <u>colleagues</u> <u>as</u>
                       (A)   (B)   (C)

<u>the greater</u> of all modern scientists.
    (D)

> of all modern scientists와 어울리는 것은 최상급 구문. (D) → greatest.

09 Of all <u>social</u> problems, housing shortage continues <u>to be</u>
       (A)   (B)

<u>a</u> most significant in its daily impact <u>on</u> houschold affairs.
(C)   (D)

> of all social problems로 보아 (C) → the.

10 <u>Between</u> all the people <u>at</u> the meeting, I like the young
     (A)   (B)

woman <u>with</u> John <u>best</u>.
     (C)   (D)

> all the people과 최상급 best로 보아 of가 적절. (A) Between → of.
> of all + 복수명사 + 최상급 구문 : ~모든 ~중에 가장 ~하다.

11 Having hit more home runs <u>than</u> <u>other players</u> in the
                            (A)   (B)

history of baseball, <u>Hank Aaron</u> <u>is</u> famous.
                 (C)   (D)

> 「비교급 + than any other + 단수명사」이어야 한다. (B) → any other player.

12 O'Hare Airport in Chicago <u>handles</u> <u>more freight</u> and mail
         (A)   (B)

<u>than</u> <u>any another</u> airport in the United States.
(C)   (D)

「비교급 + than any other + 단수 명사」 형식이므로 (D) → any other.

13 John is always <u>worried about</u> being late. So he <u>leaves</u>
                        (A)   (B)

<u>early</u> <u>than anyone else</u>.
(C)   (D)

「비교급 + than anyone else」의 구문이므로 (C) → earlier.

14 <u>Certain types</u> of snakes <u>have been known</u> to survive
         (A)   (B)

<u>fasts</u> more <u>as</u> a year long.
(C)   (D)

as → than

유형 **1** 문장완성

1 Ⓑ   2 ⒸC   3 ⒶA   4 ⒸC   5 ⒷB   6 ⒸC   7 ⒷB   8 ⒹD   9 ⒸC   10 ⒷB   11 ⒶA   12 ⒶA   13 ⒷB
14 ⒹD   15 ⒷB   16 ⒶA   17 ⒹD   18 ⒷB   19 ⒹD   20 ⒸC   21 ⒸC   22 ⒸC

유형 **2** 틀린 곳 찾기

1 ⒸC   2 ⒶA   3 ⒸC   4 ⒸC   5 ⒶA   6 ⒷB   7 ⒸC   8 ⒹD   9 ⒸC   10 ⒶA   11 ⒷB   12 ⒹD   13 ⒸC
14 ⒹD

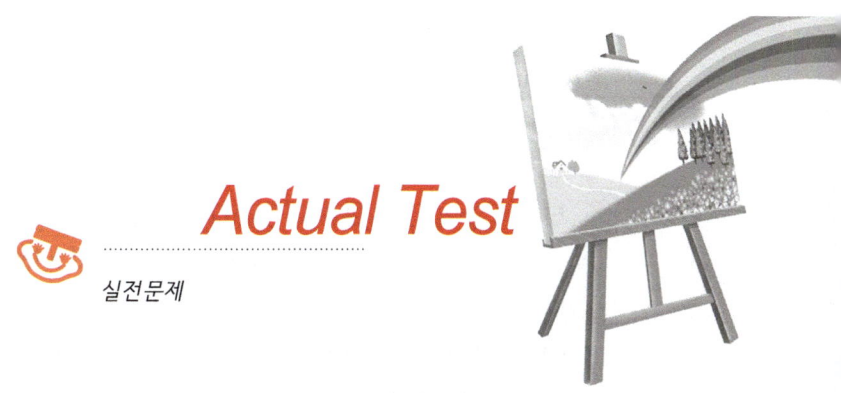

Actual Test

실전문제

01 빈칸에 들어 갈 적절한 내용을 고르시오.

Industrial diamonds _____ hard materials.

(A) are used to cut   (B) are used to be cutting

(C) used to be cut   (D) are used to cutting

02 빈칸에 들어 갈 적절한 내용을 고르시오.

_____ the trumpet has played a leading role in the development of jazz.

(A) From this century   (B) Since this century has begun

(C) Since the beginning of this century   (D) As this century began

03 빈칸에 들어 갈 적절한 내용을 고르시오.

Many people living on the North American frontier in the mid_1800's _____ _____ the bowie knife.

(A) were carried a weapon called   (B) carried a weapon was called

(C) were carried a weapon which called   (D) carried a weapon called

04 빈칸에 들어 갈 적절한 내용을 고르시오.

_____ have been discovered on top of peaks in the Rockies and the Appalachians, as far as a thousand miles from the nearest ocean.

(A) Fossils of sea creatures   (B) There are fossils of sea creatures

(C) Fossils of sea creatures that   (D) For fossils of sea creatures

05 빈칸에 들어 갈 적절한 내용을 고르시오.

All early lamps fashioned from a wick floating in a bowl of oil functioned _____ _____ capillary action.

(A) according to the principles   (B) while according to the principles

(C) according to the principle of   (D) as according to the principle of

06 빈칸에 들어 갈 적절한 내용을 고르시오.

_____, dahlias are stocky plants with showy flowers that come in a wide range of colors.

(A) Comprising 20 species and many cultivated forms

(B) When they comprise 20 species and many cultivated forms

(C) If comprising 20 species and many cultivated forms

(D) They are comprised 20 species and many cultivated forms

07 밑줄친 부분 중 문법적으로 어색한 것을 고르시오.

Geysers <u>intermittently</u> <u>discharges</u> an explosive column of <u>steam</u> and hot water
           (A)   (B)   (C)

<u>into the air.</u>
  (D)

08 빈칸에 들어 갈 적절한 내용을 고르시오.

In many cases, the formerly mysterious origins of diseases _____ through modern scientific techniques.

(A) have now identified   (B) have now been identified

(C) have now being identified   (D) have now been identifying

09 빈칸에 들어 갈 적절한 내용을 고르시오.

Antonio Stradivari, _____ to be the greatest violin maker of all time, worked in the Italian town of Cremona and made over 1,000 instruments during the course of his career.

(A) who generally acknowledged   (B) whose generally acknowledged

(C) who is acknowledged general   (D) who is generally acknowledged

10 빈칸에 들어 갈 적절한 내용을 고르시오.

Although _____ , skin is often viewed as simply a barrier between the body and the outside world.

(A) a part of the immune system

(B) there is a part of the immune system

(C) it is the part of a immune system

(D) the immune system is a part of it

11 밑줄친 부분 중 문법적으로 어색한 것을 고르시오.

A telescope improves our view of the skies, partly by forming a large image that
                                          (A)

magnifies the detail in objects, but even more importantly by gather more light
   (B)   (C)   (D)

than the human eye can.

12 빈칸에 들어 갈 적절한 내용을 고르시오.

Life expectancy had improved steadily over the years, _____ deaths during childhood.

(A) due to large a decline in   (B) largely a decline in due to

(C) largely due to a decline in   (D) largely in due to a decline

13 빈칸에 들어 갈 적절한 내용을 고르시오.

Chemistry is concerned with _____ interact with one another.

(A) the way of substances   (B) the way substances

(C) the substances way   (D) way substances

14 빈칸에 들어 갈 적절한 내용을 고르시오.

The earliest primates were tree_dwelling squirrel_like animals that _____ modern primate species.

  (A) bore little resemblance to   (B) were boring resemblance little to

  (C) was bearing little resemblance to   (D) little bored resemblance to

15 빈칸에 들어 갈 적절한 내용을 고르시오.

When Columbus discovered the New World he was not surprised _____; he thought he had landed in India or Japan.

(A) finding it inhabited   (B) to find it inhabited

(C) to find it inhabit   (D) to find inhabited it

16 빈칸에 들어 갈 적절한 내용을 고르시오.

John F. Kennedy was only forty_two when he was inaugurated as president of the United State _ the youngest person _____ the presidency.

(A) ever electing to   (B) ever been elected to

(C) who ever elected to   (D) ever elected to

17 밑줄친 부분 중 문법적으로 어색한 것을 고르시오.

The Influence of Jazz <u>on this century's</u> music has been as pervasive that there <u>is</u>
                             (A)   (B)

<u>little popular music</u> which does not trace <u>its stylistic</u> roots back to this unique
           (C)   (D)

American invention.

18 밑줄친 부분 중 문법적으로 어색한 것을 고르시오.

In Africa, <u>the feeding</u> habits of migratory locusts <u>make</u> <u>it</u> <u>one of</u> the most feared
　　　　　　　(A)　　　　　　　　　　　　　　　　　(B) (C) (D)
of pests.

19 빈칸에 들어 갈 적절한 내용을 고르시오.

Compact fluorescent light bulbs use about _____ to produce the same light output as normal light bulbs.

(A) a fifth as much energy　　　　　(B) a fifth of the energy

(C) the fifth as much energy　　　　(D) a fifth less energy

20 밑줄친 부분 중 문법적으로 어색한 것을 고르시오.

A hurricane is a <u>large, spinning</u> wind system that <u>is developed</u> over warm <u>seas</u>
　　　　　　　　　　(A)　　　　　　　　　　　　　(B)　　　　　　　　(C)
<u>near</u> the equator.
(D)

21 빈칸에 들어 갈 적절한 내용을 고르시오.

The function of Congress is to make laws, but nowhere in the Constitution _____ _____ about the exact steps that must be taken in the law_making process.

(A) a statement is there　　　　　(B) it is a statement

(C) there a statement is　　　　　(D) is a statement

22 빈칸에 들어 갈 적절한 내용을 고르시오.

_____, manufacturers usually use additives to improve keeping qualities and ease of serving.

(A) When make ice cream　　　　　(B) When making of ice cream

(C) When they making ice cream　　(D) When making ice cream

23 밑줄친 부분 중 문법적으로 어색한 것을 고르시오.

The hormone insulin, which is produced by specialized cells in the pancreas,
                              (A)   (B)

enables the body using and store glucose quickly.
                  (C)   (D)

24 밑줄친 부분 중 문법적으로 어색한 것을 고르시오.

Unlike the carnivores of their era, sauropods did not need to take the lives of
  (A)   (B)   (C)

another animals to find sustenance.
        (D)

25 밑줄친 부분 중 문법적으로 어색한 것을 고르시오.

Ancient Greek art is frequently described as timeless, partly because its
                                          (A)   (B)

mathematically precise, classic proportions.
      (C)   (D)

1. Ⓐ   2. Ⓒ   3. Ⓓ   4. Ⓐ   5. Ⓒ   6. Ⓐ   7. Ⓑ   8. Ⓑ   9. Ⓓ   10. Ⓐ
11. Ⓓ   12. Ⓒ   13. Ⓑ   14. Ⓐ   15. Ⓑ   16. Ⓓ   17. Ⓑ   18. Ⓒ   19. Ⓐ   20. Ⓑ
21. Ⓓ   22. Ⓓ   23. Ⓒ   24. Ⓓ   25. Ⓑ

26 밑줄친 부분 중 문법적으로 어색한 것을 고르시오.

A chunk of uranium <u>the size</u> of a softball can release more energy <u>than</u> a trainload
                  (A)   (B)

of coal that weighs 3 <u>million</u> times <u>so much</u>.
                  (C)   (D)

27 빈칸에 들어 갈 적절한 내용을 고르시오.

Since New York City is one of the world's most important centers of business, culture, and trade, _____ in the city affects what happens throughout the United States and around the world.

(A) much of happens　　　　　　(B) much of what happens

(C) much of that happens　　　　(D) much happenings

28 밑줄친 부분 중 문법적으로 어색한 것을 고르시오.

When the Titanic <u>hit</u> an iceberg, it carried <u>enough lifeboats</u> for only about <u>half of</u>
               (A)   (B)   (C)

its <u>approximate</u> 2,200 passengers and crew.
      (D)

29 밑줄친 부분 중 문법적으로 어색한 것을 고르시오.

Nowadays, <u>every virtually</u> kind of organization <u>throughout</u> the world <u>conducts</u>
              (A)   (B)   (C)

business <u>with computers</u>.
        (D)

30 밑줄친 부분 중 문법적으로 어색한 것을 고르시오.

A popcorn <u>kernel</u> has a hard <u>outer</u> shell that <u>surrounds</u> a soft, <u>moisture</u>, starchy
          (A)   (B)   (C)   (D)

center.

31 빈칸에 들어 갈 적절한 내용을 고르시오.

Development in computer technology has given _____ of the automatic pilot used in previous aircraft.

(A) the aerospace industry that a sophisticated extension

(B) the aerospace industry which a sophisticated extension

(C) the aerospace industry a sophisticated extension

(D) the aerospace industry by a sophisticated extension

32 밑줄친 부분 중 문법적으로 어색한 것을 고르시오.

Most weeds are wild plants that <u>invade</u> farms and gardens and <u>competing</u> with the
  (A)   (B)   (C)

cultivated plants for sunlight, water, and <u>minerals</u> in the soil.
                                     (D)

33 빈칸에 들어 갈 적절한 내용을 고르시오.

Many writers in the eighteenth century were inspired by the educational and scientific ideas of the Enlightenment, _____ of literature to reach a wide readership.

(A) seeing the potential   (B) saw the potential

(C) which was seen the potential   (D) they saw the potential

34 밑줄친 부분 중 문법적으로 어색한 것을 고르시오.

Although <u>good health</u> depends on <u>a number of</u> factors, in general there is a close
         (A)   (B)

correlation between the wealth of a country <u>as well as</u> the health status of <u>its people</u>.
                                   (C)   (D)

35 빈칸에 들어 갈 적절한 내용을 고르시오.

Druggists often stock generic drugs, which are mostly less expensive than brand_ name products and _____.

(A) are just much efficacious   (B) are just as efficacious

(C) are just efficacious as much   (D) are as just efficacious

36 빈칸에 들어 갈 적절한 내용을 고르시오.

The chief objectives of American Federation of Teachers _____ professionalism in teaching and to secure appropriate wages, better working conditions, and job security for its members.

(A) to promote   (B) are promote

(C) are promoting   (D) are to promote

37 빈칸에 들어 갈 적절한 내용을 고르시오.

A bright_red color, a trim of white fat, and _____ are among the qualities of a good piece of beef.

(A) a texture smooth, firm   (B) a smooth, firm texture

(C) a smooth texture firm   (D) a texture of smooth and firm

38 밑줄친 부분 중 문법적으로 어색한 것을 고르시오.

In Batik, a method of applying colored designs to fabric, design is made on the
                                                           (A)

fabric, and those sections which are to not be dyed are covered with a substance
           (B)   (C)   (D)

that will not absorb the dye.

39 밑줄친 부분 중 문법적으로 어색한 것을 고르시오.

The drama A Raisin in the Sun provides <u>a study</u> of the <u>search for</u> identity by
                                       (A)   (B)

African American men and women, both within the family <u>or</u> within a
                                                            (C)

<u>racially prejudiced</u> American society.
            (D)

40 빈칸에 들어 갈 적절한 내용을 고르시오.

The nucleus is composed of particles called nucleons, which when electrically charged are protons and _____ are neutrons.

(A) when electrically neutral   (B) electrically neutral

(C) electrical and neutral   (D) when it is electrically neutral

41 빈칸에 들어 갈 적절한 내용을 고르시오.

Although _____ with water pollution involve sources of fresh water, pollution of the oceans is also an environmental problem.

(A) the main associated human health problems

(B) the main human health associated problems

(C) the main human health problems which associated

(D) the main human health problems associated

42 빈칸에 들어 갈 적절한 내용을 고르시오.

Hormones are chemicals made in the body that regulate body functions or _____.

(A) achieving specific tasks   (B) achieved specific tasks

(C) achieve specific tasks   (D) to achieve specific tasks

43 빈칸에 들어 갈 적절한 내용을 고르시오.

An <u>uncomfortable</u> pressure, fullness, squeezing, or <u>pain in</u> the center of the chest
        (A)   (B)

<u>that lasts</u> for two minutes or more <u>maybe</u> a sign of a heart attack.
   (C)   (D)

44 빈칸에 들어 갈 적절한 내용을 고르시오.

About nineteen million people living in the US belong to a Spanish_speaking ethnic group and _____ their first language.

(A) Spanish names as   (B) named Spanish as

(C) name as Spanish   (D) name Spanish as

45 밑줄친 부분 중 문법적으로 어색한 것을 고르시오.

<u>Insect</u> play a vital role in <u>pollinating</u> many <u>crops</u> for humans and <u>ensuring</u> that
 (A)   (B)   (C)   (D)

they produce fruit and seed.

46 빈칸에 들어 갈 적절한 내용을 고르시오.

Heating and cooling can cause matter _____.

(A) expanding and contracting   (B) expansion and contract

(C) to expand and contract   (D) expand and contract

47 빈칸에 들어 갈 적절한 내용을 고르시오.

One of the primary materials used in the construction of buildings and roads is cement, _____ primarily from limestone and clay.

(A) a powder made   (B) it is a powder made

(C) which made a powder   (D) a powder is made

48 밑줄친 부분 중 문법적으로 어색한 것을 고르시오.

Established in Dec. 1945 as a specialized agency of the United Nations,
        (A)

International Monetary Fund (IMF) makes financing available to members in
                          (B)   (C)

balance of-payments difficulties and provides technical assistance to improvement
                                                        (D)

their economic management.

49 빈칸에 들어 갈 적절한 내용을 고르시오.

_____ and constant component of protein, measuring nitrogen can be
a good way of finding out the protein content in a substance.

(A) Nitrogen is a characteristic   (B) Since nitrogen is a characteristic

(C) While it is a characteristic   (D) Nitrogen's characteristic

50 밑줄친 부분 중 문법적으로 어색한 것을 고르시오.

Steven Spielberg, whose highly successful films have given popular cinema a
                   (A)   (B)

new respectable appeal, is considered by one of the best movie directors in the
                      (C)   (D)

United States.

26. Ⓓ	27. Ⓑ	28. Ⓓ	29. Ⓐ	30. Ⓓ	31. Ⓒ	32. Ⓒ	33. Ⓐ	34. Ⓒ	35. Ⓑ
36. Ⓓ	37. Ⓑ	38. Ⓒ	39. Ⓒ	40. Ⓐ	41. Ⓓ	42. Ⓒ	43. Ⓓ	44. Ⓓ	45. Ⓐ
46. Ⓒ	47. Ⓐ	48. Ⓓ	49. Ⓑ	50. Ⓒ					

51 빈칸에 들어 갈 적절한 내용을 고르시오.

If they wish to make a profit, both large and small purveyors of consumer products and services must find ways to let their potential consumers _____ _____ .

(A) who know about their business

(B) know about their business

(C) to know about their business

(D) knowing about their business

52 밑줄친 부분 중 문법적으로 어색한 것을 고르시오.

More than half the world's tropical forests have been destroyed since the past fifty
    (A)   (B)   (C) (D)
years.

53 빈칸에 들어 갈 적절한 내용을 고르시오.

_____ vertebrates to try out life on land, but even then they had to return to the water to breed, just like most of today's amphibians.

(A) The amphibians which

(B) The amphibians, the first

(C) The amphibians were the first

(D) Although the amphibians were the first

54 밑줄친 부분 중 문법적으로 어색한 것을 고르시오.

The term laser stands for light amplification by stimulated emission of radiation :
    (A)

atoms emit photons of light when some electrons jumping down to lower energy
  (B)   (C)   (D)
levels.

55

빈칸에 들어 갈 적절한 내용을 고르시오.

Rachel Louise Carson was an aquatic biologist, naturalist, and writer whose Silent Spring (1962) sparked an international controversy over _____ animals and human life.

(A) the effect of pesticides on
(B) the effect on pesticides
(C) effecting of pesticides on
(D) what effects on pesticides

빈칸에 들어 갈 적절한 내용을 고르시오.

Population expansion and _____ for scarce resources is one of the biggest problems facing the world today.

(A) the competition consequentially
(B) consequentially competing
(C) to compete consequentially
(D) the consequential competition

57

빈칸에 들어 갈 적절한 내용을 고르시오.

Vital to animals and plants in many ways, lipids are _____ and yield about twice as many calories as an equal weight of protein or carbohydrate.

(A) concentrated energy of food source
(B) concentrating source food energy
(C) a concentrated source of food energy
(D) what a concentrated source of food energy

밑줄친 부분 중 문법적으로 어색한 것을 고르시오.

Eddie Robinson has coached his teams to many victories than any other coach
              (A)   (B)   (C)

in college football history.
        (D)

59 빈칸에 들어 갈 적절한 내용을 고르시오.

One of the great engineering feats of the world, the 44_mile Panama Canal bisects the continents of North and South America, _____ to sail between the Atlantic and Pacific Oceans.

(A) making it possible for ships   (B) made it possible for ships
(C) it made it possible for ships   (D) making possibility for ships

60 밑줄친 부분 중 문법적으로 어색한 것을 고르시오.

As has been the case with many artistic geniuses, Edgar Allan Poe was not
  (A)   (B)

adequate appreciated in his own time : many of his contemporaries criticized him
  (D)

as morbid and excessive.
  (C)

61 빈칸에 들어 갈 적절한 내용을 고르시오.

A combination of attributes _____ with both young and old.

(A) makes it vegetable gardening a national hobby
(B) makes vegetable gardening is a national hobby
(C) makes vegetable gardening into a national hobby
(D) makes vegetable gardening a national hobby

62 밑줄친 부분 중 문법적으로 어색한 것을 고르시오.

In fishing, the first step for the angler is to upgrade his or her equipment so that
                                 (A)   (B)

the available range of lures, line weights, distances, etc., is substantial increased.
                                         (C)   (D)

63 빈칸에 들어 갈 적절한 내용을 고르시오.

The Governor is empowered to veto single items of the budget bill, _____, and to return the same to the Legislature if it is still in session.

(A) append to each a message   (B) appending to each a message

(C) and appending to each a message   (D) appended to each a message

64 밑줄친 부분 중 문법적으로 어색한 것을 고르시오.

In traditional Japanese ink drawings, the artist tries to paint a state of mind
                                           (A)   (B)

other than an exact copy of some object.
  (C)   (D)

65 밑줄친 부분 중 문법적으로 어색한 것을 고르시오.

An audience is different from a crowd in that it refers to people who gather for
                                        (A)

the purpose of listening or observing some proceedings in accordance with a
              (B)   (C)

program set in advance.
     (D)

66 빈칸에 들어 갈 적절한 내용을 고르시오.

Calcium is a soft, silvery_white metallic element _____ in such rocks as limestone and marble.

(A) found most widely   (B) which found most widely

(C) finding most widely   (D) most found widely

67 빈칸에 들어 갈 적절한 내용을 고르시오.

_____, also called a carrousel, basically consists of brightly painted horses and other animals mounted on a circular platform.

(A) Because a merry-go-round   (B) While a merry-go-round

(C) On a merry-go-round   (D) A merry-go-round

68 밑줄친 부분 중 문법적으로 어색한 것을 고르시오.

Pele, a Brazilian athlete, won <u>famous</u> <u>as</u> the greatest soccer player of <u>his</u> time and
           (A) (B)   (C)

the most <u>recognized</u> athlete in world sports.
     (D)

69 밑줄친 부분 중 문법적으로 어색한 것을 고르시오.

Gordon Allport believed that a person is not a mechanical product of

<u>environmental</u> forces, but <u>a</u> unique force <u>strives</u> to develop his or her own
   (A)   (B)   (C)

<u>potential</u>.
 (D)

70 빈칸에 들어 갈 적절한 내용을 고르시오.

American Farm Bureau Federation works to protect and advance the business and
economic interests of farmers and ranchers by supporting educational programs,
promoting favorable legislation, and _____.

(A) it sponsors helpful services   (B) sponsoring helpful services

(C) sponsors helpful services   (D) sponsor of helpful services

71 빈칸에 들어 갈 적절한 내용을 고르시오.

Scientists in Germany have announced that they developed a combination of
medications to _____.

(A) cure AIDS patients in the dreadful, fatal disease

(B) cure AIDS patients with the dreadful, fatal disease

(C) cure AIDS patients of the dreadful, fatal disease

(D) cure AIDS patients during the dreadful, fatal disease

72 빈칸에 들어 갈 적절한 내용을 고르시오.

Jerome Kern's most famous work is Showboat, _____, most enduring musical comedies.

(A) one of the best   (B) one of the best and

(C) it is one of the best   (D) the best one

73 밑줄친 부분 중 문법적으로 어색한 것을 고르시오.

Cooperation is the mutual endeavor of two or more persons to perform a task or
                                          (A)   (B)

reaching a jointly cherished goal.
  (C)   (D)

74 밑줄친 부분 중 문법적으로 어색한 것을 고르시오.

The combination of two lenses makes it possible greater magnification than can
                                      (A)   (B)   (C)

be achieved with a single lens.
              (D)

75 밑줄친 부분 중 문법적으로 어색한 것을 고르시오.

Electricity's potential as a source of illumination known long before electricity
          (A)   (B) (C)

came into use.
    (D)

51. Ⓑ	52. Ⓓ	53. Ⓒ	54. Ⓒ	55. Ⓐ	56. Ⓓ	57. Ⓒ	58. Ⓑ	59. Ⓐ	60. Ⓒ
61. Ⓓ	62. Ⓓ	63. Ⓑ	64. Ⓒ	65. Ⓑ	66. Ⓐ	67. Ⓓ	68. Ⓐ	69. Ⓒ	70. Ⓑ
71. Ⓒ	72. Ⓐ	73. Ⓒ	74. Ⓐ	75. Ⓑ					

76 밑줄친 부분 중 문법적으로 어색한 것을 고르시오.

The leaves of the pitcher plant doesn't lie flat ; they curl up into tubes and never uncurl.
                                    (A)   (B)   (C)   (D)

77 밑줄친 부분 중 문법적으로 어색한 것을 고르시오.

Before constructing a bridge, the designers must consider the deep and width of
             (A)   (B)   (C)

the barrier.
      (D)

78 빈칸에 들어 갈 적절한 내용을 고르시오.

Immigration as well as natural growth caused the US population _____
during the period between 1870 and 1916, rising from about 40 million to about
100 million.

(A) more than doubled   (B) more double than

(C) to double more than   (D) to more than double

79 빈칸에 들어 갈 적절한 내용을 고르시오.

On September 1, 1973, a small submersible, the Pisces III, was rescued from 1,580
feet below sea level. Two men _____ inside for 3 days, after losing control of
the craft and losing radio contact with their surface ship.

(A) had been trapped   (B) have been trapped

(C) were trapped   (D) were being trapped

80 빈칸에 들어 갈 적절한 내용을 고르시오.

The barber of Seville, a comic opera with music by the Italian composer
Gioacchino Rossini, _____ in Rome in 1816.

(A) was first sung   (B) first sang

(C) was song first   (D) first was sing

81 밑줄친 부분 중 문법적으로 어색한 것을 고르시오.

That people consider a luxury at one time frequently becomes a necessity ; many
 (A)   (B)   (C)

families find that ownership of two cars is indispensible.
                    (D)

82 밑줄친 부분 중 문법적으로 어색한 것을 고르시오.

Even best known for her prose works, Maya Angelou also published several
 (A)   (B)   (C)

collections of poetry.
             (D)

83 빈칸에 들어 갈 적절한 내용을 고르시오.

Founded by the Spanish as Yerba Buena in 1835, _____ was taken over

by the United States in 1846 and later renamed.

(A) San Francisco is now what   (B) what San Francisco is now

(C) what is now San Francisco   (D) while it is now San Francisco

84 빈칸에 들이 갈 적절한 내용을 고르시오.

_____ that not even light escapes the powerful gravitational pull it

exerts, it is called a black hole.

(A) When a body becomes so massive   (B) A body becomes so massive

(C) A body which becomes so massive   (D) So massive becomes a body

85 밑줄친 부분 중 문법적으로 어색한 것을 고르시오.

Friction can be reduced by smooth and polishing the surface of contact, by
                          (A)   (B)

lubricating surfaces with grease or oil, or by rolling instead of sliding.
                        (C)   (D)

86 밑줄친 부분 중 문법적으로 어색한 것을 고르시오.

Each <u>atoms</u> in a molecule <u>consists of</u> a <u>positively-charged</u> nucleus surrounded <u>by</u>
　　　(A)　　　　　　　　　(B)　　　　　(C)　　　　　　　　　　　(D)
a cloud of negatively-charged electrons.

87 밑줄친 부분 중 문법적으로 어색한 것을 고르시오.

Francis Hopkinson, <u>a New Jersey</u> signer of the Declaration <u>of</u> Independence, <u>was</u>
　　　　　　　　　(A)　　　　　　　　　　　　　　(B)　　　　　　　(C)
an American statesman, artist, writer, lawyer, and <u>a judge</u>.
　　　　　　　　　　　　　　　　　　　　　　　(D)

88 빈칸에 들어 갈 적절한 내용을 고르시오.

New Jersey and Delaware are separated by Delaware Bay, _____
connects with the Delaware River and thus enables oceangoing vessels to reach
the ports of Wilmington, Del., and Philadelphia.

(A) which deep channel　　　　　(B) deep channel of it

(C) that is a deep channel　　　　(D) whose deep channel

89 빈칸에 들어 갈 적절한 내용을 고르시오.

In April 1925, a Scottish engineer John Logie Baird gave _____ of
a television technology that used mechanical devices in the camera and receiver.

(A) the public first demonstration　　(B) the first public demonstration

(C) the public demonstration first　　(D) the public first demonstration

90 밑줄친 부분 중 문법적으로 어색한 것을 고르시오.

Some <u>barges</u> are pushed or <u>pulled by</u> tugboats ; <u>another barges</u> are powered by
　　　(A)　　　　　　　　(B)　　　　　　　　　(C)
their <u>own</u> engines.
　　(D)

91 밑줄친 부분 중 문법적으로 어색한 것을 고르시오.

Maryland's economy is based <u>largely</u> <u>on</u> service industries, which <u>account for</u>
                                     (A)   (B)   (C)

more than <u>four-fifth</u> of Maryland's gross state product.
           (D)

92 밑줄친 부분 중 문법적으로 어색한 것을 고르시오.

To play the saxophone, the musician blows <u>on</u> a flat cane reed <u>attached to</u> the
                                           (A)   (B)

mouthpiece and <u>finger</u> the keys to open and <u>close</u> the holes.
               (C)   (D)

93 밑줄친 부분 중 문법적으로 어색한 것을 고르시오.

One of the most popular <u>tourist</u> destinations in the United States, Las Vegas was
                               (A)

originally <u>found</u> as a water stop for steam locomotives <u>on the route of</u> <u>what is</u>
           (B)   (C)   (D)

now Union Pacific Railroad.

94 빈칸에 들어 갈 적절한 내용을 고르시오.

To stabilize its members' economies, the International Monetary Fund provides
policy advice and short_term loans _____.

(A) so that a member nation encounters financial difficulty

(B) unless a member nation encounters financial difficulty

(C) in that a member nation encounters financial difficulty

(D) when a member nation encounters financial difficulty

95 빈칸에 들어 갈 적절한 내용을 고르시오.

A type of ocean fish _____, groupers are born as females and later change into males.

(A) is living in warm and temperate seas

(B) while living in warm and temperate seas

(C) living in warm and temperate seas

(D) that is lived in warm and temperate seas

96 밑줄친 부분 중 문법적으로 어색한 것을 고르시오.

<u>With</u> the invention of the telegraph, <u>communication</u> throughout the world was
 A   B

<u>great</u> <u>facilitated</u>.
 C   D

97 밑줄친 부분 중 문법적으로 어색한 것을 고르시오.

In the United States, the number of <u>days</u> <u>lost</u> from work due to the common cold
                                                              A   B

<u>is</u> far greater than <u>those</u> caused by the actions of labor unions
 C   D

98 밑줄친 부분 중 문법적으로 어색한 것을 고르시오.

Today's warplanes <u>carry</u> a wide <u>various</u> of armaments, <u>including</u> fast-firing
                       A   B   C

cannons and sophisticated <u>guided</u> missiles and bombs.
                                D

99 빈칸에 들어 갈 적절한 내용을 고르시오.

As telescopes become more powerful _____ , they can pick up the faint light and other waves from more distant stars and galaxies.

(A) orbit in space on satellites

(B) and orbit in space on satellites

(C) and orbiting in space on satellites

(D) orbital space on satellites

100 빈칸에 들어 갈 적절한 내용을 고르시오.

_____ allow it to reach the highest branches, it lets the animal see over long distances.

(A) Not only the giraffe's tall neck

(B) The giraffe's tall neck not only

(C) Not only does the giraffe's tall neck

(D) Only the giraffe's tall neck does not

76. Ⓐ	77. Ⓒ	78. Ⓓ	79. Ⓐ	80. Ⓐ	81. Ⓐ	82. Ⓐ	83. Ⓒ	84. Ⓐ	85. Ⓐ
86. Ⓐ	87. Ⓓ	88. Ⓓ	89. Ⓑ	90. Ⓒ	91. Ⓓ	92. Ⓒ	93. Ⓑ	94. Ⓓ	95. Ⓒ
96. Ⓒ	97. Ⓓ	98. Ⓑ	99. Ⓑ	100. Ⓒ					

101 밑줄친 부분 중 문법적으로 어색한 것을 고르시오.

In 1913 when the Sixteenth Amendment of the Constitution was adopted,
(A)   (B)   (C)

Americans have been paying federal income taxes.
              (D)

102 밑줄친 부분 중 문법적으로 어색한 것을 고르시오.

Marilyn Monroe, a US film actress widely known as a sex symbol, starring in
                    (A)   (B)   (C)

many adroit comedies.
      (D)

103 밑줄친 부분 중 문법적으로 어색한 것을 고르시오.

Some people argue that atomic bombs should not have been used in the second
                                                    (A)

world war, but other maintain using them was inevitable so as to put a quick end
              (B)   (C)   (D)

to the war.

104 빈칸에 들어 갈 적절한 내용을 고르시오.

The distinctive playing style of Charlie "Bird" Parker _____ by other jazz
saxophonists.

(A) has been imitating extensively   (B) has been imitated extensively

(C) has extensively imitated   (D) has been extensive imitation

105 빈칸에 들어 갈 적절한 내용을 고르시오.

_____ so ruthlessly for food and ivory for many years, elephants
nowadays would have much larger populations.

(A) Had they not been hunted   (B) If they had not hunted

(C) If they didn't hunt   (D) Have they not been hunted

106 빈칸에 들어 갈 적절한 내용을 고르시오.

The function of language is to enable _____ to one another, primarily through audible speech, and secondarily through written words.

(A) people to communicate ideas

(B) people communicate ideas

(C) ideas to communicate people

(D) people's communication ideas

107 빈칸에 들어 갈 적절한 내용을 고르시오.

_____, Antarctica was part of the giant continent that geologists call Gondwanaland.

(A) In about 175 million years ago

(B) About 175 million years ago

(C) Since about 175 million years ago

(D) For about 175 million years ago

108 밑줄친 부분 중 문법적으로 어색한 것을 고르시오.

Although Emily Dickinson is now a well-known American poet, only seven of
                                           (A)   (B)   (C)

her poems were published while she alive.
                                (D)

109 밑줄친 부분 중 문법적으로 어색한 것을 고르시오.

Helicopters can rise or descend vertical, hover, and move forward, backward, or
            (A)   (B)   (C)

laterally.
(D)

110 밑줄친 부분 중 문법적으로 어색한 것을 고르시오.

The common name for an <u>aldehyde</u> often <u>derives</u> from the name of the acid that
(A)   (B)   (C)

<u>its</u> forms.
(D)

111 빈칸에 들어 갈 적절한 내용을 고르시오.

_____ to design irregularly shaped buildings when their clients ask
for something unique.

(A) Not unusually, architects   (B) It is not unusual that architects
(C) It is not unusual for architects (D) Architects are not unusually

112 빈칸에 들어 갈 적절한 내용을 고르시오.

By the end of the Ice Age, the area _____ had been literally reformed by
glacial activity.

(A) what is now New England   (B) which they are now New England
(C) that is now New England   (D) in which is now New England

113 밑줄친 부분 중 문법적으로 어색한 것을 고르시오.

<u>Since</u> Atlanta is <u>a chief</u> transportation center, many leading firms have <u>branches</u>
  (A)   (B)   (C)

there for manufacturing, warehousing, and <u>distribute</u> their products.
                                            (D)

114 밑줄친 부분 중 문법적으로 어색한 것을 고르시오.

The <u>land</u> of a spaceship <u>requires</u> the precise coordination of <u>numerous</u> <u>intricate</u>
      (A)   (B)   (C)   (D)
mechanisms.

115 밑줄친 부분 중 문법적으로 어색한 것을 고르시오.

The Supreme Court comprises of the chief justice of the United States and eight
                   (A)   (B)   (C)

associate justices.
          (D)

116 빈칸에 들어 갈 적절한 내용을 고르시오.

Small parrots may lay _____ each season, while large parrots may lay only
one.

(A) as many ten eggs as   (B) as many as ten eggs

(C) many as ten eggs as   (D) eggs as many as ten

117 빈칸에 들어 갈 적절한 내용을 고르시오.

The nine_banded armadillo of the southern United States is one of few mammals
_____ identical quadruplets.

(A) that known to bear   (B) that is known to bear

(C) which know it to bear   (D) known to bear

118 밑줄친 부분 중 문법적으로 어색한 것을 고르시오.

On the Earth, gravity is noticeably weak on a mountaintop than in a valley.
(A)   (B)   (C)   (D)

119 밑줄친 부분 중 문법적으로 어색한 것을 고르시오.

The field grasshopper found in temperate zones is hardly never a nuisance to
                        (A)   (B)   (C)

humans.
(D)

밑줄친 부분 중 문법적으로 어색한 것을 고르시오.

Lightning is the <u>transfer</u> of electrical <u>current</u> from a cloud to <u>the ground</u> or from
                      (A)   (B)   (C)

one cloud to <u>the other</u>.
                    (D)

121 빈칸에 들어 갈 적절한 내용을 고르시오.

Jane Addams, an American social reformer in Chicago, _____, won the
Nobel Peace Prize in 1931.

(A) she established a community center for poor people

(B) established a community center for poor people

(C) who was established a community center for poor people

(D) who established a community center for poor people

122 빈칸에 들어 갈 적절한 내용을 고르시오.

Physiological theories of aging _____ among different organ systems in
the body.

(A) are focus on the interrelationships

(B) focus it on the interrelationships

(C) focus on the interrelationships

(D) while they focus on the interrelationships

123 밑줄친 부분 중 문법적으로 어색한 것을 고르시오.

Nature <u>has given</u> Arizona some of the country's <u>most</u> spectacular scenery as
          (A)   (B)

<u>good</u> as a climate <u>unsurpassed</u> for healthful living.
  (C)   (D)

124 밑줄친 부분 중 문법적으로 어색한 것을 고르시오.

Photography is based of a photochemical process, the action of light on grains
                      (A)   (B)   (C)

of silver chloride or silver bromide.
(D)

125 밑줄친 부분 중 문법적으로 어색한 것을 고르시오.

In contrast to natural resins, synthetic resins are produce of the laboratory.
(A)   (B)   (C)   (D)

101. Ⓐ	102. Ⓒ	103. Ⓑ	104. Ⓑ	105. Ⓐ	106. Ⓐ	107. Ⓑ	108. Ⓓ	109. Ⓑ	110. Ⓓ
111. Ⓒ	112. Ⓒ	113. Ⓓ	114. Ⓐ	115. Ⓐ	116. Ⓑ	117. Ⓓ	118. Ⓒ	119. Ⓑ	120. Ⓓ
121. Ⓓ	122. Ⓒ	123. Ⓒ	124. Ⓐ	125. Ⓓ					

126 빈칸에 들어 갈 적절한 내용을 고르시오.

The earth is the sole planet in the solar system _____ of oxygen gas in its atmosphere.

(A) that has appreciable amounts   (B) has appreciable amounts

(C) and that has appreciable amounts   (D) that it has appreciable amounts

127 빈칸에 들어 갈 적절한 내용을 고르시오.

Meteors, which are sometimes produced when asteroids collide, _____ whenever chunks of debris from space enter Earth's atmosphere and burn up.

(A) as appear streaks of light   (B) appear as streaks of light as

(C) appear streaks of as light   (D) appear as streaks of light

128 빈칸에 들어 갈 적절한 내용을 고르시오.

It is believed that people _____ reached North America about the year A.D. 1,000.

(A) who referred to as "Vikings"   (B) referred to as "Vikings"

(C) referred to "Vikings" as   (D) who referred as to "Vikings"

129 밑줄친 부분 중 문법적으로 어색한 것을 고르시오.

A novel can be considered a work of imagination that is root in reality.
   (A)   (B)   (C)   (D)

130 밑줄친 부분 중 문법적으로 어색한 것을 고르시오.

Psychologist Ross Mcfarland suggested that people could work productively
    (A)   (B)

more longer than had previously been thought.
 (C)   (D)

131 빈칸에 들어 갈 적절한 내용을 고르시오.

During the twentieth century, the field of dentistry has developed branches
_____ the treatment of individual dental problems.

(A) that was specialize in   (B) and specialize in

(C) while specializing in   (D) that specialize in

132 빈칸에 들어 갈 적절한 내용을 고르시오.

_____ the farther it gets from the surface of the Earth.

(A) The less a body weighs   (B) The less weighs a body

(C) A body weighs less   (D) The less does a body weigh

133 빈칸에 들어 갈 적절한 내용을 고르시오.

Many television newscasters _____ by means of on_the_spot, live reports.

(A) make the public an eyewitness to the news

(B) make public an eyewitness to the news

(C) make an eyewitness to the news the public

(D) make to the news the public an eyewitness

134 밑줄친 부분 중 문법적으로 어색한 것을 고르시오.

In 1992, Albert Gore, Jr., the son of a former United States senator, became the
                         (A)   (B)   (C)

forty-five Vice President of the United States.
(D)

135 밑줄친 부분 중 문법적으로 어색한 것을 고르시오.

Acute hearing helps most animals sensitive the approach of thunderstorms
                                 (A)   (B)

long before people do.
(C)   (D)

279

136

빈칸에 들어 갈 적절한 내용을 고르시오.

Roberto Clemente _____ both his great humanitarianism and his outstanding skill on the baseball field.

(A) was recognized as

(B) was recognized for

(C) has recognized for

(D) has recognized as

빈칸에 들어 갈 적절한 내용을 고르시오.

Any property that a bankrupt person may still have is usually divided among the various people _____.

(A) to whom money is owed

(B) to whom is money owed

(C) to whom is owed money

(D) whom money is to owed

138

빈칸에 들어 갈 적절한 내용을 고르시오.

_____ when they lie on opposition sides of a line tangent to both of them.

(A) Two circles that are externally tangent

(B) Externally tangent two circles

(C) There are two circles externally tangent

(D) Two circles are externally tangent

밑줄친 부분 중 문법적으로 어색한 것을 고르시오.

Marine snails are occurred in all seas from the Arctic to the Antarctic, though
              (A)   (B)   (C)

they reach their greatest development intropical waters.
             (D)

140 밑줄친 부분 중 문법적으로 어색한 것을 고르시오.

From antiquity <u>through</u> the present, satirists <u>have shared</u> a common <u>goals</u> :
　　　　　　　　(A)　　　　　　　　　　　　　　　　(B)　　　　　　　(C)

<u>to expose</u> human folly in all its guises.
　(D)

141 빈칸에 들어 갈 적절한 내용을 고르시오.

Eleanor Roosevelt set the standard against which the wives of all United States

Presidents _____.

(A) since have evaluated

(B) since have been evaluated

(C) since they have been evaluated

(D) have evaluated since

142 빈칸에 들어 갈 적절한 내용을 고르시오.

_____ migrating water birds in North America visit the Gulf of

Mexico's winter wetlands.

(A) Four of three every

(B) Three every four

(C) Three of every four

(D) Every four of three

143 밑줄친 부분 중 문법적으로 어색한 것을 고르시오.

Celluloid and plastics have <u>largely</u> replaced <u>genuine</u> ivory in <u>the manufacture</u> of
　　　　　　　　　　　　　(A)　　　　　　　(B)　　　　　　　(C)

such <u>as things</u> buttons, billiard balls and piano keys.
　　　(D)

144 밑줄친 부분 중 문법적으로 어색한 것을 고르시오.

The onion is character by an edible bulb composed of leaves rich in sugar and a

          (A)   (B)

pungent oil, the source of the vegetable's strong taste.

               (C)   (D)

145 밑줄친 부분 중 문법적으로 어색한 것을 고르시오.

Fish are the most ancient form of vertebrate life, and from them evolved all

     (A)   (B)   (C)

other vertebrate.

       (D)

146 빈칸에 들어 갈 적절한 내용을 고르시오.

_____ the world's foremost linguistic theorist, Noam Chomsky continues to create new theories about language and language learning.

(A) Regarded as

(B) As he regards as

(C) Regarding him as

(D) If regarded as

147 빈칸에 들어 갈 적절한 내용을 고르시오.

_____ is difficult because some of the corals are very fragile : even the touch of a diver's hand can kill them.

(A) The protection Florida's coral reefs

(B) Protecting Florida's coral reefs

(C) It is protecting Florida's coral reefs

(D) When protecting Florida's coral reefs

148 밑줄친 부분 중 문법적으로 어색한 것을 고르시오.

Frequently meat-eating animals prowl at night and sleeping during the daytime.
  (A)   (B)   (C)   (D)

149 밑줄친 부분 중 문법적으로 어색한 것을 고르시오.

Hubble's law states that the greater the distance between any two galaxies, the
          (A)   (B)

greater is its relative speed of separation.
    (C) (D)

150 밑줄친 부분 중 문법적으로 어색한 것을 고르시오.

Ripe fruit is often stored in a place at which contains much carbon dioxide so
(A)   (B)

that the fruit will not decay too rapidly.
       (C)   (D)

126. Ⓐ	127. Ⓓ	128. Ⓑ	129. Ⓒ	130. Ⓒ	131. Ⓓ	132. Ⓒ	133. Ⓐ	134. Ⓓ	135. Ⓐ
136. Ⓑ	137. Ⓐ	138. Ⓓ	139. Ⓐ	140. Ⓒ	141. Ⓑ	142. Ⓒ	143. Ⓓ	144. Ⓐ	145. Ⓓ
146. Ⓐ	147. Ⓑ	148. Ⓒ	149. Ⓓ	150. Ⓑ					

151 빈칸에 들어 갈 적절한 내용을 고르시오.

Margaret Brent, _____, became one of the largest landholders in colonial Maryland.

(A) because her skill in managing estates

(B) her skill was in managing estates

(C) because of her skill in managing estates

(D) who was her skill in managing estates

152 빈칸에 들어 갈 적절한 내용을 고르시오.

In 1852 Massachusetts passed a law requiring all children from four to eighteen years of age _____.

(A) attending school   (B) attend school

(C) to attend school   (D) who attend school

153 밑줄친 부분 중 문법적으로 어색한 것을 고르시오.

The American Academy of Poets, which was found in the 1930's, provides
                                           (A)   (B)

financial assistance to support working poets.
          (C)   (D)

154 밑줄친 부분 중 문법적으로 어색한 것을 고르시오.

One of most impressive collections of nineteenth-century European paintings in
       (A)   (B)   (C)

the United States can be found in the Philadelphia Museum of Art.
                         (D)

155 밑줄친 부분 중 문법적으로 어색한 것을 고르시오.

The ballad <u>is characterized</u> by informal diction, by a narrative <u>largely</u> dependent
                   (A)   (B)

<u>on</u> action and dialogue, by thematic intensity, and by <u>stressful</u> on repetition.
(C)   (D)

156 빈칸에 들어 갈 적절한 내용을 고르시오.

The American colonies _____ before the Revolutionary War.

(A) had a sizable merchant fleet

(B) that had a sizable merchant fleet

(C) of a sizable merchant fleet

(D) were merchant fleet of size

157 빈칸에 들어 갈 적절한 내용을 고르시오.

_____, the value of gold results from the interplay of the forces of
supply and demand.

(A) The same as that of any other commodity

(B) Like that of any other commodity

(C) Likely that of any other commodity

(D) Such as that of any other commodity

158 밑줄친 부분 중 문법적으로 어색한 것을 고르시오.

The woodwind section of <u>an</u> orchestra may <u>enrich</u> the melody by <u>provide</u>
                             (A)   (B)   (C)

different <u>tonal</u> qualities.
        (D)

159 밑줄친 부분 중 문법적으로 어색한 것을 고르시오.

A bar code <u>consists</u> of a pattern of lines and bars <u>that</u> a computer can <u>translate</u>
           (A)   (B)   (C)

into <u>informations</u>.
    (D)

160 밑줄친 부분 중 문법적으로 어색한 것을 고르시오.

Both humans <u>or</u> animals learn by <u>experience</u>, and <u>what</u> is learned influences the
             (A)   (B)   (C)

planning and carrying <u>out of</u> simple actions.
                   (D)

161 빈칸에 들어 갈 적절한 내용을 고르시오.

Traditionally, _____ in the United States with political speeches, picnics, and most important of all, a display of fireworks at night.

(A) the Fourth of July celebrated

(B) the Fourth of July is celebrating

(C) the Fourth of July which is celebrated

(D) the Fourth of July is celebrated

162 빈칸에 들어 갈 적절한 내용을 고르시오.

Before starting on a sea voyage, prudent navigators learn the sea charts, study the sailing directions, and memorize lighthouse locations to prepare themselves for any conditions _____.

(A) they might encounter

(B) or they might encounter

(C) when they might encounter

(D) and they might encounter

163 밑줄친 부분 중 문법적으로 어색한 것을 고르시오.

The photoperiodic response of algae actually depends on the duration of
                    (A)   (B)

darkness, but is not on light.
            (C)   (D)

164 밑줄친 부분 중 문법적으로 어색한 것을 고르시오.

The giraffe's long neck and legs are the most obvious features that make
                                   (A)   (B)   (C)

different from all other animals.
              (D)

165 밑줄친 부분 중 문법적으로 어색한 것을 고르시오.

The columbine flower, native in nearly all of the United States, can be raised
                             (A)   (B)   (C)

from seed in almost any garden.
    (D)

166 빈칸에 들어 갈 적절한 내용을 고르시오.

Butterfly and moth mouthparts have evolved into a long strawlike tube, or

proboscis, _____ liquid nectar from flowers.

(A) enabled the insect sucking   (B) to enable the insect to suck

(C) enable the insect suck   (D) to enable the insect sucking

167 빈칸에 들어 갈 적절한 내용을 고르시오.

The crocuses which bloom as the winter snows recedes _____ .

(A) are harbingers of approaching spring

(B) harbinger of approaching spring

(C) and are harbingers of approaching spring

(D) that are harbingers of approaching spring

168 밑줄친 부분 중 문법적으로 어색한 것을 고르시오.

Whales are divided into two main groups by the different types of jaws and
   (A)   (B)   (C)

methods feeding.
     (D)

169 밑줄친 부분 중 문법적으로 어색한 것을 고르시오.

Poor Richard Almanac, a series of writing by Benjamin Franklin, expounds the
                 (A)   (B)

merits of such homely virtues as diligence, thrifty, and hard work.
      (C)   (D)

170 밑줄친 부분 중 문법적으로 어색한 것을 고르시오.

The Polaroid Land Camera's surprisingly ability to produce a print almost
                    (A)   (B)   (C)

instantaneously is its greatest asset.
          (D)

171 빈칸에 들어 갈 적절한 내용을 고르시오.

Fuel injection engines employ injectors ＿＿＿＿＿＿ to spray fuel into the cylinders.

(A) instead a carburetor is employed

(B) instead employing a carburetor

(C) instead of a carburetor

(D) instead of employ a carburetor

172 빈칸에 들어 갈 적절한 내용을 고르시오.

Identical colors _____ when they are viewed against different backgrounds.

(A) may appear to be quite different   (B) may appear being quite different

(C) may appear be quite different   (D) may appear quite different to be

173 밑줄친 부분 중 문법적으로 어색한 것을 고르시오.

Although Canada's Parliament can neither administer or enforce laws nor initiate
                                                     (A)

policy, it does have the power for making laws and vote on the allocation of
        (B)   (C)   (D)

funds.

174 밑줄친 부분 중 문법적으로 어색한 것을 고르시오.

Hydrogen, the ninth abundant element in the Earth's crust, is an odorless,
              (A)   (B)   (C)

colorless, and tasteless gas.
           (D)

175 밑줄친 부분 중 문법적으로 어색한 것을 고르시오.

James Baldwin's Just Above My Head is a revealing book portraying all the
                                                       (A)   (B)

lyricism, violence, and tender that contribute to human interaction.
                         (C)   (D)

151. ⓒ	152. ⓒ	153. ⓒ	154. Ⓐ	155. Ⓓ	156. Ⓐ	157. Ⓑ	158. ⓒ	159. Ⓓ	160. Ⓐ
161. Ⓓ	162. Ⓐ	163. Ⓓ	164. ⓒ	165. Ⓐ	166. Ⓑ	167. Ⓐ	168. Ⓓ	169. Ⓓ	170. Ⓐ
171. ⓒ	172. Ⓐ	173. Ⓓ	174. Ⓐ	175. ⓒ					

176 빈칸에 들어 갈 적절한 내용을 고르시오.

The banana tree, _____ consisting of 93 percent water, is the largest plant on Earth without a woody stem.

(A) an extremely fragile plant

(B) an extreme fragile plant

(C) is an extremely fragile plant

(D) while an extremely fragile plant

177 빈칸에 들어 갈 적절한 내용을 고르시오.

Although a biography is primarily intended to recount a person's life, many biographers also examine the social forces _____ .

(A) that was helped shape it

(B) that helped shape it

(C) that they helped shape it

(D) that helped shaping it

178 밑줄친 부분 중 문법적으로 어색한 것을 고르시오.

The use of a special group of flags, known as the International Code of Signals,
    (A)

has enabled naval personnel from all nations communicate with each other.
(B)   (C)   (D)

179 밑줄친 부분 중 문법적으로 어색한 것을 고르시오.

Cobalt resembles iron and nickel in tensile strength, appearance, and hard.
  (A)   (B)   (C)   (D)

180 밑줄친 부분 중 문법적으로 어색한 것을 고르시오.

That was Shirley S. Chisholm who was the first Black woman to run for the
(A)   (B)   (C)

office of President of the United States in 1972.
    (D)

181 빈칸에 들어 갈 적절한 내용을 고르시오.

Children with parents _____ is firm, consistent, and rational are inclined to possess high levels of self_confidence.

(A) who guidance

(B) whom guidance

(C) whose guidance

(D) their guidance

182 빈칸에 들어 갈 적절한 내용을 고르시오.

As many as 50 percent of the income from motion pictures _____ comes from marketing the films abroad.

(A) produced in the United States

(B) are produced in the United States

(C) that produced in the United States

(D) and produced in the United States

183 밑줄친 부분 중 문법적으로 어색한 것을 고르시오.

None of the boron group elements was recognized to be in a pure state before
      (A)   (B)   (C)

modern chemistry was isolated them.
                (D)

184 밑줄친 부분 중 문법적으로 어색한 것을 고르시오.

Because geophysics embraces the concepts, data, and methods of variety other
                                (A)   (B)

sciences, it is very broad in scope, and its boundaries are hard to define.
                (C)   (D)

185 밑줄친 부분 중 문법적으로 어색한 것을 고르시오.

Groups of muscles in the head directing the actions necessary for chewing and
　(A)　　　　　　　　(B)　　　(C)　　　　　　　　　(D)
swallowing.

186 빈칸에 들어 갈 적절한 내용을 고르시오.

As _____ is now known in physics and chemistry, scientists have
been able to make important discoveries in biology and medicine.

(A) a result of what

(B) what a result of

(C) a result what of

(D) a what result of

187 빈칸에 들어 갈 적절한 내용을 고르시오.

Margaret Mead studied many different cultures, and she was one of the first
anthropologists _____.

(A) and photograph her subjects

(B) to photograph her subjects

(C) that were photographed her subjects

(D) while photograph her subjects

188 밑줄친 부분 중 문법적으로 어색한 것을 고르시오.

Between the ages of nine and fifteen, almost all young people undergo rapid
　　　　　　(A)　　　　　　　　　　　　(B)　　　　　　　　　(C)
series of physiological changes.
　　　　(D)

189 밑줄친 부분 중 문법적으로 어색한 것을 고르시오.

Alaska found the first <u>years</u> of its statehood <u>costly</u> because it <u>had to</u> take over
               (A)   (B)   (C)

the expense of services previously <u>providing</u> by the federal government.
                                   (D)

190 밑줄친 부분 중 문법적으로 어색한 것을 고르시오.

The practice of <u>making</u> excellent films <u>based on</u> rather obscure novels has been
              (A)   (B)

<u>going</u> on so long in the United States <u>as for</u> constitute a tradition.
 (C)   (D)

191 빈칸에 들어 갈 적절한 내용을 고르시오.

In pantomime actors use gestures _____ words to convey ideas.

(A) in place of   (B) instead

(C) other   (D) than

192 빈칸에 들어 갈 적절한 내용을 고르시오.

Malvin Gray Johnson is noted especially for the pictures _____ in
Brightwood, Virginia, in the late summer of 1934.

(A) which he was painted   (B) in which painted

(C) in which he painted   (D) which he painted

193 밑줄친 부분 중 문법적으로 어색한 것을 고르시오.

For thousands of years, people <u>have been</u> utilized some <u>kind</u> of <u>refrigeration</u> to
                            (A)   (B)   (C)

cool beverages and <u>preserve</u> food.
              (D)

194 밑줄친 부분 중 문법적으로 어색한 것을 고르시오.

The adult bee flies feeds on flower nectar, but the larvae are parasitic on other
              (A)   (B)   (C)

insects.
  (D)

195 밑줄친 부분 중 문법적으로 어색한 것을 고르시오.

The best known of the all Arctic birds, ptarmigans are a favorite of
 (A)   (B)   (C)   (D)

birdwatchers.

196 빈칸에 들어 갈 적절한 내용을 고르시오.

Because the arctic regions receive little sunlight, the air there is too cold

_____.

(A) for hold much moisture

(B) that it cannot hold much moisture

(C) to hold much moisture

(D) of holding much moisture

197 빈칸에 들어 갈 적절한 내용을 고르시오.

_____ who rebelled against the rigid, formal training of classical ballet and created an individualistic form of expression.

(A) Dancer Isadora Duncan

(B) She was dancer Isadora Duncan

(C) It was dancer Isadora Duncan

(D) Dancer Isadora Duncan was

198 밑줄친 부분 중 문법적으로 어색한 것을 고르시오.

Knowledge of the rate which a ship is traveling through the water is important if
                    (A)   (B)

the navigator needs to estimate the time of arrival.
          (C)   (D)

199 밑줄친 부분 중 문법적으로 어색한 것을 고르시오.

Seldom has the mathematical theory of games been of practically use in playing
     (A)   (B)   (C)

real games.
(D)

200 밑줄친 부분 중 문법적으로 어색한 것을 고르시오.

Though smaller than our solar system, a quasar, which is looks like an ordinary
        (A)   (B)   (C)

star, emits more light than an entire galaxy.
          (D)

176. Ⓐ	177. Ⓑ	178. Ⓒ	179. Ⓓ	180. Ⓐ	181. Ⓒ	182. Ⓐ	183. Ⓓ	184. Ⓑ	185. Ⓒ
186. Ⓐ	187. Ⓑ	188. Ⓒ	189. Ⓓ	190. Ⓓ	191. Ⓐ	192. Ⓓ	193. Ⓐ	194. Ⓐ	195. Ⓒ
196. Ⓒ	197. Ⓒ	198. Ⓐ	199. Ⓓ	200. Ⓑ					

위듀 영문법

1판 1쇄 발행 2022년 11월 30일

지 은 이 ｜ 신규철
펴 낸 이 ｜ 김진수
펴 낸 곳 ｜ 한국문화사
등   록 ｜ 제1994-9호
주   소 ｜ 서울시 성동구 아차산로49, 404호(성수동1가, 서울숲코오롱디지털타워3차)
전   화 ｜ 02-464-7708
팩   스 ｜ 02-499-0846
이 메 일 ｜ hkm7708@hanmail.net
홈페이지 ｜ http://hph.co.kr

ISBN   979-11-6919-063-3 93740

· 이 책의 내용은 저작권법에 따라 보호받고 있습니다.
· 잘못된 책은 구매처에서 바꾸어 드립니다.
· 책값은 뒤표지에 있습니다.